Annemarie Laimböck

Das psychoanalytische Erstgespräch

Das Erstgespräch wird als ein offener, unstrukturierter Handlungsdialog aufgefasst, dessen Ziel es ist, die unbewusste Persönlichkeit, die aktuellen unbewussten Konflikte des Patienten zur Darstellung kommen zu lassen. Das therapeutische Moment steht damit bereits in dieser ersten Begegnung im Mittelpunkt.

Das Erstgespräch ist so um ein einzigartiges Moment der psychoanalytischen Methode zentriert: der schwierigen Passage. Diese zentrale Stelle ist ein Kulminationspunkt, ein Matchpoint, an dem sich eine unbewusste Dynamik dahingehend zuspitzt, dass eine Veränderung, eine kreative Leistung oder eine Wiederholung, ein Rückfall stattfindet. In diesem Zusammenhang geht es um das Veränderungspotenzial bereits oder gerade in dieser ersten Begegnung, die damit verbundene Erfahrung des Patienten mit der Methode und seine für eine mögliche spätere Behandlung nötige Motivation.

Die Autorin:

Annemarie Laimböck, Dr. phil., Dipl.-Psych., von 1977 bis 1982 wissenschaftliche Mitarbeiterin am Institut für Psychoanalyse der J. W.-Goethe-Universität in Frankfurt a. M., ab 1988 Psychoanalytikerin in freier Praxis (DPV), seit 1994 Lehranalytikerin im Innsbrucker Arbeitskreis für Psychoanalyse und Leiterin der Ambulanz. Lehrveranstaltungen an der Universität Innsbruck in Psychologie und Pädagogik. Veröffentlichungen u. a. *Schwierige Passagen. Herausforderungen an die psychoanalytische Methode* (Brandes & Apsel 2007).

Annemarie Laimböck

Das psychoanalytische Erstgespräch

Brandes & Apsel

Auf Wunsch informieren wir Sie regelmäßig mit unseren Katalogen »Frische Bücher« und »Psychoanalyse-Katalog«. Wir verwenden Ihre Daten ausschließlich für die Zusendung unserer beiden Kataloge laut der EU-Datenschutzrichtlinie und dem BDS-Gesetz. Bitte senden Sie uns dafür eine E-Mail an info@brandes-apsel.de mit Ihrer Postadresse. Außerdem finden Sie unser Gesamtverzeichnis mit aktuellen Informationen im Internet unter: www.brandes-apsel.de sowie www.kjp-zeitschrift.de

3. Auflage 2025

2. erweiterte und überarbeitete Auflage 2019

1. Auflage 2011

DTP & Umschlag: Brandes & Apsel Verlag, Frankfurt a. M.
Druck: STEGA TISAK d. o. o., Heinzelova 60/1, 10000 Zagreb, Kontakt: upit@stega-tisak.hr
Gedruckt auf einem nach den Richtlinien des Forest Stewardship Council (FSC) zertifizierten, säurefreien, alterungsbeständigen und chlorfrei gebleichten Papier.

Bibliografische Information der Deutschen Nationalbibliothek:
Die Deutsche Nationalbibliothek verzeichnet diese Publikation in der Deutschen Nationalbibliografie; detaillierte bibliografische Daten sind im Internet über http://dnb.ddb.de abrufbar.

ISBN 978-3-86099-694-2

Inhalt

Vorwort zur zweiten Auflage[1]

Das Verstehen der Szene im Rahmen des Erstgesprächs ist auch in dieser Neuauflage das zentrale Anliegen. Es geht bereits in der ersten Begegnung darum, einen psychoanalytischen Prozess einzuleiten und therapeutisch zu nutzen.

Für die PatientInnen bietet dieses Vorgehen eine emotionale und kognitive Erfahrung mit einer verstehenden Methode, für die AnalytikerInnen eine erste therapeutische Begegnung mit diesem Menschen. Die induktiv gewonnene psychoanalytische Diagnose und Indikation lassen sich mit dem erlebten und verstandenen Beziehungsgeschehen produktiv verbinden und diskutieren.

Um dieses Potenzial des Erstgespräches einzuleiten und auszuschöpfen, bedarf es der psychoanalytischen Methode von Anfang an.

Im deutschen Gesundheitswesen ist inzwischen die Aufteilung in Psychoanalyse und tiefenpsychologisch oder psychodynamisch fundierter/orientierter Therapie verankert. In Österreich wird seit einiger Zeit eine der psychodynamisch orientierten Therapie vergleichbare Methode und Ausbildung von einigen Ausbildungsvereinen angeboten. Sie nennt sich psychoanalytisch orientierte Psychotherapie, kurz PoP. Es ist nötig – so meine Konklusion in dem entsprechenden Kapitel –, dass auch allen mit diesen Richtungen operierenden TherapeutInnen eine psychoanalytische Wahrnehmungs- und Denkweise eigen ist, um sie im Erstgespräch einzuführen. Das therapeutische Potenzial und der Erkenntnisgewinn aus einer Reflektion der unbewussten Prozesse im Erstgespräch sollte von allen genutzt werden können. Die Inhalte dieses Buches, in dem das Erstgespräch als »kleine Psychoanalyse« vorgestellt wird, gelten dementsprechend für Psychoanalyse, TP und PoP.

---

1 In diesem Vorwort und im neuen Kapitel »Die Indikationsstellung in Zeiten von Psychoanalyse, tiefenpsychologisch (TP) und/oder psychoanalytisch orientierter Psychotherapie (PoP)« verwende ich nicht mehr die männliche Form, um Psychoanalytikerinnen und Psychoanalytiker, Patienten und Patientinnen zu benennen, sondern nenne beide Geschlechter. Diese Weise scheint mir inzwischen angebrachter.

Die inzwischen fest verankerte Unterscheidung von Psychoanalyse und tiefenpsychologisch fundierter Therapie erfordert zwar die gleiche psychoanalytische Einstellung im Erstgespräch, danach aber trennen sich die Wege der verschiedenen TherapeutInnen. Die einen arbeiten in hochfrequenten Settings, zumindest oft, die anderen in niederfrequenten und/oder mit Gruppen, Familien und Paaren. Diese Differenzierungen, die sich nun auch in verschiedenen Ausbildungsgängen wiederfinden, rücken die Indikationsstellung für das eine oder andere Setting verstärkt ins Zentrum. Ein neu eingefügtes Kapitel widmet sich deshalb der Indikationsfrage auf dem Hintergrund dieser Therapieangebote.

Vorwort

Das psychoanalytische Erstgespräch ist nach zwei Richtungen offen. Einmal kann aus ihm die Diagnose erschlossen werden, die den Analytiker und den Patienten in das Gesundheitssystem und die wissenschaftliche Überprüf- und Vergleichbarkeit einbindet und dem Analytiker eine allgemeine klinische Begründung seiner Indikationsstellung liefert. Für diese Abstraktion aus dem Erstgespräch muss das psychodynamisch subjektive Geschehen im Nachhinein einer induktiven Denkweise unterzogen und das Spezifische dieses Beziehungsgeschehens in die allgemeinen Kategorien der klinischen Theorien oder Manuale eingeordnet werden. Diesem notwendigen Vorgang nach dem Erstgespräch widme ich ein Kapitel.

Mein Hauptaugenmerk gilt der zweiten Richtung, dem therapeutischen Potenzial des Erstgespräches und der dazu notwendigen Anwendung der psychoanalytischen Methode – einem hermeneutischen Vorgehen – in dieser ersten Begegnung. Das psychoanalytische Erstgespräch ist um die schwierige Passage, einem einzigartigen Moment der psychoanalytischen Methode, zentriert. Diese Stelle ist ein Kulminationspunkt, ein Matchpoint, an dem sich eine Dynamik dahingehend zuspitzt, dass entweder eine Veränderung – eine kreative Leistung – oder eine Wiederholung – ein Rückfall – stattfindet. In diesem Zusammenhang geht es um das Veränderungspotenzial bereits oder gerade in dieser ersten Begegnung, die damit verbundene Erfahrung des Patienten mit der Methode und seine für eine mögliche spätere Behandlung nötige Motivation.

Als ich vor zehn Jahren das Buch über psychoanalytische Erstgespräche schrieb, ging es bereits darum, die Anwendung der psychoanalytischen Methode in diesem Setting zu beschreiben, zu propagieren und mit Beispielen zu belegen. Dieses Anliegen ist auch der Kern der Neuauflage. Das Erstgespräch wird darin als ein offener, unstrukturierter Handlungsdialog aufgefasst, dessen Ziel es ist, die unbewusste Persönlichkeit, die aktuellen unbewussten Konflikte des Patienten zur Darstellung kommen zu lassen. Der psychoanalytische Umgang damit, das therapeutische Moment also, steht im Mittelpunkt. Dieses Vorgehen wird von sogenannten psychoanalytisch orientierten, halboffenen oder strukturierten Verfahren abgegrenzt, bei denen zwar die psychoanalytische klinische Theorie als Hintergrund dient, jedoch nicht oder nur bedingt die psychoanalytische Methode angewendet wird.

In der Zwischenzeit haben sich neue Einsichten und Fragestellungen ergeben, die ich in diesem Buch aufgreife. Dazu gehört die Frage, ob auch nicht ausgewählte Patienten, wie sie z. B. in einer psychoanalytischen Ambulanz auftauchen, und Patienten mit frühen oder traumatischen Störungen so behandelt werden können. Es ist mir ein Anliegen zu zeigen, dass bei der von mir vorgeschlagenen Konzipierung der Methode, eine Abweichung vom psychoanalytischen Vorgehen in diesen Fällen nicht nötig, ja kontraindiziert ist. Diesen Überlegungen gehe ich in einem Kapitel des Buches nach und erläutere meine Vorstellung an Beispielen.

Am Ende schließen sich Überlegungen zur Indikation an. Dort erhebe ich nicht den Anspruch, eine umfassende Anleitung für die geeignete Indikationsstellung bei den verschiedenen Störungen zu geben, vielmehr geht es mir, dem szenisch-psychoanalytischen Ansatz folgend, um die subjektiven-szenischen Ereignisse, die zu einer Entscheidung bezüglich des für diesen Patienten empfohlenen Behandlungssettings führen. Ich gehe davon aus, dass auch die Entscheidungen bezüglich der weiteren Behandlung des Patienten nicht ausschließlich von klinischen Erwägungen geleitet, sondern von subjektiven, bewussten, vorbewussten und unbewussten Gedanken und Gefühlen beeinflusst sind. Diesen Aspekten widme ich mein Augenmerk und möchte den Leser dafür hellhörig machen. Es wird sich zeigen, dass auch sie ihre Vorteile haben und keineswegs unprofessionelle, zu vernachlässigende Nebenprodukte sind.

Einleitung

Mit der Entdeckung der Übertragung und der Feststellung, dass die therapeutische Beziehung eine Neuauflage infantiler Objektbeziehungen ist, die sich zur Übertragungsneurose verdichtet, war der Weg für die Zentrierung auf das Hier und Jetzt der Arzt-Patient-Beziehung vorgegeben. Nach Freuds Tod wurden immer mehr Arbeiten über klinische Erfahrungen veröffentlicht, die es nahelegten, der Arbeit am Hier und Jetzt der Übertragungs-Gegenübertragungsbeziehung eine größere Bedeutung für die Veränderung beizumessen, als irgendetwas anderem, etwa dem Wiedererinnern. Die Ausweitung der Übertragungsanalyse und die Betonung der Arbeit im Hier und Jetzt sind mit der Entwicklung der Strukturtheorie und der daraus folgenden Ich-Psychologie verbunden. In diesem Prozess wurde gelernt, den aktuellen Zustand des psychischen Apparates und vor allem das Funktionieren des Ichs in der konkreten Situation mit dem Patienten zu erkennen und in der Analyse auch die Anpassungsmechanismen des Ichs zu studieren und zu verändern. Ein noch größerer Anstoß in Richtung Übertragungsanalyse kam aus der zur gleichen Zeit in England unter Melanie Klein entwickelten Objektbeziehungstheorie. Deren theoretische und klinische Neuerungen sind eng mit der heutigen Betonung des aktuellen Funktionierens des Patienten und den Manifestationen seiner unbewussten inneren Objektbeziehungen im Hier und Jetzt der therapeutischen Beziehung verbunden.[2]

Diese Entwicklung erfasste auch das klinische Interview. Wegweisend für die Neuorientierung im psychoanalytischen Erstgespräch waren die Gedanken von Gill, Newman und Redlich (1954). Die Autoren konstatierten zu dieser Zeit eine starke Veränderung in der Interviewtechnik: weg vom Faktensammeln hin zur Auswertung einer interpersonalen Beziehung.

2 Eine ausführliche Darstellung dieser Entwicklung und ihrer technischen und besonders wissenschaftstheoretischen Konsequenzen findet sich in: Strenger (1991): Between hermeneutics and science. S. 67–75.

> The revolutionary change […] is that the psychiatrist has become aware of the fact that in his interaction with the patient he is a participant as well as an observer. It has become clear that all that takes place in the interview takes place within the therapist-patient relationship and can be understood only in terms of that relationship. (ebd., S. 84)

Heute haben wir mit dem intersubjektiven Ansatz einen Höhepunkt dieser Entwicklung erreicht. Er geht soweit, nichts Festgefügtes, die Beziehung Übersteigendes, anzunehmen, sondern jedes Ereignis und jeden Inhalt als ein Produkt der aktuellen unbewussten Beziehung zu sehen. Lebensgeschichten werden unter diesem Blickwinkel im Rahmen der je herrschenden unbewussten Beziehung konstruiert (Altmeyer & Thomä 2006).

Im deutschsprachigen Raum verfolgte Argelander mit seinem Buch *Das Erstinterview in der Psychotherapie* (1970) den von Gill et al. beschriebenen Trend im Erstgespräch. In diesem Text machte er das Erstinterview als eine besondere Anwendung der psychoanalytischen Methode hoffähig und zeigte, wie gerade in diesem Gespräch, in dem in kürzester Zeit die unbewusste Konfliktlage des Patienten erfasst werden muss, die Kompetenz eines Analytikers gefordert ist. Unter Kompetenz verstand er die Fähigkeit, die unbewusste aktuelle Beziehungssituation zu erfassen und gegebenenfalls bereits im Erstgespräch zu deuten. Konsequent blieb er bei seinen Ausführungen an der Szene, vermied Fachterminologie und zeigte so das psychoanalytische Vorgehen als eine Zusammenhangsbildung und Neuordnung eines komplizierten aktuellen Geflechts von unterschiedlichsten Informationen. Seine späteren Untersuchungen über das Denken des Analytikers sind systematisierte Fortführungen dieser Überlegungen, die er in diesem frühen Text auf eine ganz besondere Weise vorgeführt hat. Die Ausführungen zur ungewöhnlichen Gesprächssituation, über Psycho-Logik als einer ungewöhnlichen Form des Denkens, zur Dynamik der Gesprächssituation und der Gestalt der Gesprächsinhalte sind eine Darstellung der Psychoanalyse als eine besondere Form des Zuhörens und Verarbeitens von Material. Insofern gingen Argelanders Überlegungen zum Erstinterview weit über eine spezifische Praxis des Analytikers am Rande seines psychoanalytischen Handelns hinaus. Sie waren Vorarbeiten zu einer Theorie der psychoanalytischen Methode bzw. des Denkens des Analytikers. Er schrieb, dass sich hinter seinen Ausführungen »unverkennbar

Spuren einer ständigen Auseinandersetzung mit der sehr lebendigen Gruppe des Sigmund-Freud-Instituts verbergen« (ebd., S. 9). Dazu gehörten Lorenzers (1970) Bemühungen, die Metatheorie der Psychoanalyse in eine Sprache zu fassen, die sich an dem, was der Analytiker tut, orientiert. Mit dem »szenisches Verstehen« (ebd., S. 104–161) zeigte er ein ebensolches Interesse an der Verarbeitung der aktuellen Situation und ihrer unbewussten Implikationen als dem Zentrum psychoanalytischen Handelns und Denkens.

Konsequenterweise verlagerte sich das, was eine gegebene therapeutische Situation zu einer psychoanalytischen machte, weg von äußeren Gegebenheiten, wie dem Setting oder der in psychoanalytischen Termini gefassten Beschreibung des Vorgangs, hin zu der besonderen Erfassung einer Szene, in der den unbewusst motivierten Bewegungen zwischen zwei Personen besondere Aufmerksamkeit geschenkt wurde und die letztlich als *die* Interpretationsfolie zu gelten hatte. Daraus folgte, dass die Anwendung der psychoanalytischen Methode nicht mehr an ein bestimmtes Setting, sondern an die Möglichkeit, sich überhaupt in eine Beziehung zu begeben, gebunden war. Durch die besondere Bearbeitung dieser Beziehung und vor allem der inneren Beteiligung des Analytikers sollten Schlüsse über unbewusste Vorstellungen des Patienten gezogen werden.

Im Kapitel »Das therapeutische Interview« (Argelander 1970a, S. 103–108) befasste sich Argelander noch einmal speziell mit den therapeutischen Möglichkeiten des Erstgesprächs: Die situative Entfaltung eines aktuellen unbewussten Konfliktes des Patienten erlaube es, in dieser kurzen Zeit ein evidentes Wissen über die innere Lage des Patienten, die im Hier und Jetzt der Beziehung zum Interviewer wirklich ist, zu erlangen. All das seien ideale Voraussetzungen für eine therapeutische Intervention. Dabei sei der Interviewer völlig auf sich gestellt, er könne keine Reflexionen in aller Ruhe, also außerhalb der Situation, anstellen, sich nicht beraten oder etwa Testverfahren hinzuziehen. Diese Lage »verlangt schnelles Reaktionsvermögen, klare Übersicht und Urteilsfähigkeit« (ebd., S. 105), und das bei der gleichzeitigen Teilhabe an der Szene des Patienten – wenn man so will, die ganz hohe Kunst des Psychoanalysierens. So gesehen, ist es möglich, in einer einmaligen Intervention dem Patienten so viel Einsicht in seinen aktuellen unbewussten Konflikt zu geben, dass er seinen Handlungsspielraum wiedergewinnt. Diese Ausführungen verweisen darauf, wie ernst das psychoanalytische Vorgehen vom ersten Moment an zu nehmen ist, und betonen das vorhandene therapeutische Potenzial dieses Kurzverfahrens, neben seiner diagnostischen und prognostischen Potenz.

Ich gehe noch einen Schritt weiter und sehe die Anwendung der psychoanalytischen Methode im Erstgespräch nicht als einen, wenn auch zentralen Aspekt, sondern als das Vorgehen schlechthin, weil nur auf diesem Weg ein evidentes und ausreichend umfangreiches Wissen über das unbewusste Innenleben des Patienten zu erlangen ist. Daraus folgt eine Ablehnung aller Modifikationen, wie z. B. halb offene Interviews, gezieltes Fragen, besondere Einleitungen etc. Die Erfassung biographischer Daten gerät bei dieser Vorgehensweise in den Hintergrund. Sie dienen der weiteren Unterstützung der Beziehungsdiagnose, ohne deren Basis zu sein. Die folgenden Kapitel widmen sich auf verschiedenen Wegen der Darstellung und Begründung dieses Anspruchs.[3]

3 Ich danke Herrn Dr. Nissen für die gedankliche Begleitung und die wertvollen Anregungen bei der Erstellung des 2000 erschienenen Textes.

I. Kapitel

Das psychoanalytische Erstgespräch, das psychoanalytisch orientierte Erstgespräch – Ein Ordnungsversuch

Die Einschätzung und Durchführung des psychoanalytischen Interviews änderte sich entlang und mit der Veränderung der psychoanalytischen Theorie und Technik. Ruhs (1997) gibt einen Überblick über die Entwicklung von »drei Hauptströmungen in einer genuin zu nennenden psychoanalytischen Diagnostik« (ebd., S. 26). Freud entwickelte die Theorie der Neurosen und seine Technik im Gespräch mit den Patienten. Forschen und Heilen waren eine untrennbare Einheit. Die Erfindung der *talking cure* oder des *chimney sweepings* durch Anna O. wurde unter der Behandlung gemacht, deren revolutionärer Bestandteil es vor allem war, der Patientin zuzuhören. Die Annahme, dass die Patientin zu ihrer Krankheit etwas zu sagen hatte, war neu. »Kein Zweifel, dass die eigentlich radikale Revolutionierung des klinischen Perzipierens erst durch das Einbeziehen des ›Hörens‹ in den Wahrnehmungsvorgang gelang« (Grubrich-Simitis 1995, S. 1131). Arzt und Patientin bildeten ein Forschungsteam, das die Ursachen, die lebensgeschichtlichen Zusammenhänge der Symptome erforschte, während sie die Erfahrung machten, dass dabei die Symptome verschwanden oder sich verwandelten. Unter diesen Umständen gab es natürlich kein von der Behandlung zu trennendes Erstgespräch. Jedes Gespräch war in dem Sinne ein Erstgespräch, als auf völlig unbekanntem Terrain immer neue Entdeckungen gemacht wurden. Es ließ sich nichts vorhersagen, noch nichts einer bekannten Ätiologie zuordnen. Freud stellte erst 1905 einige einschränkende Überlegungen bezüglich Bildung, Charakter, der Existenz eines »Normalzustandes«, des Alters und akuter Notfälle an (vgl. Freud 1905, S. 20–22).

Zwischen dieser Pionierarbeit und der heutigen Psychoanalyse liegt die Aufarbeitung all der in diesem Niemandsland gemachten Entdeckungen und der daraus gewonnenen Erkenntnisse in Richtung einer Theorie der menschlichen Psyche und ihrer potentiellen Erkrankungen. Je kartographierter dieser psychische Raum wurde, desto naheliegender wurde es, Informationen und Entdeckungen mit einem einzelnen Patienten in dieses allgemeine Netzwerk einzuordnen und bestimmte Vorhersagen über die zu erwartenden Ereignisse in der Behandlung und Vermutungen über den innerpsychischen und lebensgeschichtlichen Werdegang dieses Menschen und seiner Krankheit vor jeder weiteren Expedition zu treffen. Die Psychoanalytiker lernten, aus wenig Material Aussagen über die innerpsychische Dynamik, Struktur und die genetischen Vorläufer der Symptome abzuleiten. Die Einschätzung des potentiellen Patienten nach dem Strukturmodell setzte eine Art Standardtechnik und einen Standardpatienten voraus, was es beides im Grunde nicht gab und gibt (vgl. Thomä & Kächele 1985, S. 175/176).

Mit diesem Vorhersagewissen handelte man sich unter der Hand einen Nachteil ein. Die Vorabkenntnis des psychischen Raumes eines Patienten konnte dazu verleiten, eine Psychoanalyse wie eine wohlorganisierte Abenteuerreise zu führen, bei der zumindest der Analytiker als Führer keine Überraschungen zu erwarten hat, wiewohl der Analysand seinem Ich-Niveau angemessenen Überraschungen ausgesetzt wird. Die ursprüngliche gemeinsame Expedition in unbekannte Gefilde wurde z.T. zu einer hochbezahlten Abenteuerreise, bei der sich der Analysand wohldosierten Erkenntnissen aussetzte, der Analytiker aber wusste, wo und wie es weiter geht. Freud hat, diese mögliche Entwicklung antizipierend, eine optimistische Perspektive verbreitet: »Ja, ich meine man darf den Analytikern die Versicherung geben, dass ihrer wissenschaftlichen Arbeit die Gefahr, mechanisiert und damit uninteressant zu werden, auch für die nächsten Jahrzehnte nicht droht.« (Freud 1925, S. 19) Dennoch war und ist diese Tendenz zur Erstarrung gegeben und mit der Kritik daran,[4] verlor das psychoanalytische Erstgespräch an Ansehen, denn es wurde als Exponent einer solchermaßen ordnenden und planenden Tendenz und damit Erstarrung angesehen. Der berechtigte Skeptizismus gegenüber dem blindmachenden Diagnostizieren betrifft jedoch nur ein eher am Faktensammeln orientiertes und nicht das an der interpersonalen Beziehung interessierte Interview. Wird das Erstgespräch psychoanalytisch geführt, d.h. die

4 Unter dem Stichwort »szientistisches Selbstmissverständnis« sei an diese kritischen Überlegungen erinnert (vgl. Habermas 1968, S. 300–332). Auch die Kritik an der Ich-Psychologie als einer Anpassungslehre liegt in diesem Trend (vgl. Drews & Brecht 1975, S. 153ff.; Horn 1970).

psychoanalytische Methode angewandt, dem Patienten Spielraum gewährt, so ähnelt gerade dieses Gespräch der Pionierarbeit aus früheren Zeiten. Keiner von beiden Beteiligten weiß um das je zu erforschende Terrain, beide tasten sich gleichermaßen vor, ohne zu wissen, was die nächste Wendung bringen wird, denn für den Einzelfall sind die zur allgemeinen Orientierung angelegten Karten zu grob. Sie bieten im konkreten Fall nur eine vage Orientierung. Gerade das psychoanalytische Erstgespräch bietet für den geschulten Analytiker immer wieder den Reiz des Unbekannten und die anregende Unsicherheit bezüglich des Sich-zurecht-Findens, d.h. des Verstehens.

Das Erstgespräch bewegt sich in einer dialektischen Spannung zwischen Verstehen und Diagnostizieren, einer Dialektik, in der die Psychoanalyse als Wissenschaft überhaupt begriffen ist (vgl. Strenger 1991). Die heutige Psychoanalyse liegt, grob gesprochen, zwischen den Polen einer hermeneutischen und einer nomothetischen Wissenschaft.[5] Der Psychoanalyse als hermeneutischer Wissenschaft geht es um das Erzeugen von Sinn und Bedeutung, um die Konstruktion einer stimmigen und evidenten Lebensgeschichte – manchmal auch um die Dekonstruktion einer allzu stimmigen Geschichte (vgl. Ricœur 1965/1974; Lorenzer 1974; Schafer 1982); der Psychoanalyse als nomothetischer Wissenschaft geht es um die Rekonstruktion einer Lebensgeschichte, im strengen Sinn um die Auffindung der Ereignisse, die Anlass für das Symptom waren (vgl. Brenner 1955/1968; Fenichel 1983). Letzterer Ansicht gilt Grünbaums wissenschaftstheoretische Kritik der Psychoanalyse (vgl. Grünbaum 1987). Die Anhänger der einen oder anderen Richtung werden das Interview unterschiedlich gestalten. Wird sich der eine völlig auf die Gestaltung der Szene im Hier und Jetzt einlassen, wird der andere eher Übereinstimmungen mit der klinischen Theorie registrieren und so seine Schlüsse über die Entstehung und Aufrechterhaltung von Krankheit außerhalb der aktuellen Beziehung ziehen.

Meiner Meinung nach kann man beim momentanen Stand der psychoanalytischen Wissenschaft nicht die eine oder andere Sicht fallen lassen. Kutter (1989), der ebenfalls davon ausgeht, dass die Psychoanalyse sowohl

5 Unter dem Titel »›Historical Truth‹ versus ›Narrative Truth‹« beschreibt und diskutiert Kernberg diese beiden zur Zeit herrschenden Trends (Kernberg 1993, S. 669).

nomothetisch wie hermeneutisch zu fassen ist, beschreibt, wie er während der analytischen Stunde hermeneutisch und zwischen den Stunden kausal erklärend denkt (ebd., S. 83). Strenger, der sich mit dieser Zweipoligkeit der Psychoanalyse ausführlich auseinandergesetzt hat, kommt zu einem ähnlichen Schluss. »Psychoanalysis is placed between two approaches to man which Betrand Russel (1927) once called ›man from within‹ and ›man from without‹« (Strenger 1991, S. 209). »Psychology in general and psychoanalysis in particular combine the two viewpoints on man« (ebd., S. 209).

Vor einer Vermischung, z. B. im Interview, möchte ich aber ausdrücklich warnen. Erlaubt sich ein Interviewer gleichzeitig sowohl theoriegeleitet als auch szenisch vorzugehen, wird er nicht mehr wissen, wann und warum er von einer Sicht in die andere wechselt und seine Erkenntnisfähigkeit wird minimiert. Kutter schreibt, dass die Gefahr, die ein frühzeitiges Theoretisieren mit sich bringt, die des Etikettierens ist, »etwa als typischer Fall einer Zwangsneurose« (Kutter 1989, S. 243). Dabei kann die Besonderheit dieses Patienten verloren gehen. Umgekehrt weist er bei fehlendem Einsatz von Wissen auf die Gefahr des Übersehens von Störungen hin. »Um beide Gefahren zu vermeiden, muss er (der Analytiker, A. L.) somit zwischen beiden Einstellungen wechseln können, oszillieren, hin und her schweben« (ebd., S. 243). Um der Gefahr bei diesem Oszillieren, den Widerständen zu dienen, zu entgehen, schlage ich vor, die theoriegeleitete Sicht in einem zweiten Schritt als nachträgliche Bearbeitung des Interviews einzuführen.

Alle Verfahren des Erstgesprächs, die diesen Unsicherheitsraum zwischen Arzt und Patient eingrenzen, indem sie den Patienten vorgeschriebene Wege gehen lassen, sollten nicht psychoanalytisches Erstgespräch, sondern psychoanalytisch orientiertes Erstgespräch heißen, um anzudeuten, dass sie sich zwar an der psychoanalytische Theorie orientieren, nicht aber die Methode anwenden. Den Namen »psychoanalytisches Erstinterview« verdient eigentlich nur das Verfahren, das die aktuelle Psychodynamik in der Zwei-Personen-Beziehung und eine Beziehungsdiagnostik als Folge in den Vordergrund stellt.

Das »echte« psychoanalytische Interview, das dem Patienten konsequent den Spielraum zur Entfaltung seiner aktuellen unbewussten Thematik einräumt, bei dem sich der Analytiker in seiner Haltung zwischen Teilhabe und Beobachtung in die Szene einfügt und sich jeder strukturierenden

Maßnahme enthält, geht auf Balint zurück. Er hat die gezielte Ausnutzung der Tendenz des Unbewussten, sich szenisch zu manifestieren, zuerst zu einer Methode erhoben (vgl. Balint 1939). Allerdings hat schon Freud, wie so oft, wenn auch implizit, diese Interviewtechnik im Fall Katharina dokumentiert und angewandt. Argelander hat diesen Fall unter dem Blickwinkel des Erstgesprächs bzw. der Kurztherapie unter die Lupe genommen (vgl. Argelander 1978). Unter dem Zwang der ungewöhnlichen Umstände, unter denen dieses Gespräch stattfand, griff Freud zu einem Vorgehen, das heute unter psychoanalytischem Erstinterview formieren würde, das er selbst aber für eine Improvisation hielt.

Andere Verfahren, die mit Hilfe eines Erstgesprächs zu in psychoanalytischen Fachtermini formulierten, d.h. an der psychoanalytischen klinischen Theorie orientierten Einschätzung des Patienten kommen, müssten analog der Differenzierung der psychoanalytischen Verfahren »psychoanalytisch orientierte Interviews« heißen. Hier wird die psychoanalytische Methode nicht oder nur modifiziert angewandt. Dennoch wird das Gespräch auf dem Hintergrund des psychoanalytischen Wissens geführt und die im Interview gesammelten Daten nach einem psychoanalytischen Ordnungsprinzip sortiert. Dieses Interview ist halboffen, d.h. der Interviewer folgt sowohl den spontanen Angeboten des Patienten, stellt aber auch theoriegeleitete Fragen. Ein Nachteil dieser Vorgangsweise liegt darin, dass die Gestaltung der Szene nach unbewussten Motiven durch solche Eingriffe gestört, wenn nicht sogar unterbrochen wird. Kernberg stellt ein solches Verfahren unter dem Begriff »strukturelles Interview« vor, das eine Kombination aus der Analyse der Interaktion zwischen Interviewer und Patient und einer systematischen Prüfung seiner Ich-Funktionen im Zusammenhang mit seinen »Fest-Symptomen« darstellt (vgl. Kernberg 1985). Dazu gehört auch, dass das Interview mit mehreren Fragen begonnen und so von vornherein der »Spielraum« des Patienten eingeengt wird.[6] Bei dieser

6 Eingrenzungen gegenüber dem ganzen psychoanalytischen Feld in niederfrequenten Therapien werden in drei verschiedenen Weisen vorgenommen (vgl. Dreyer & Schmidt 2008, S. 21–39). Den jeweiligen dadurch hervorgehobenen Gesichtspunkten muss im Interview Rechnung getragen werden, wodurch halboffene Gespräche entstehen.

1. Mentalisierung, Bindung und emotionale Erfahrung werden ins Zentrum gestellt, so dass andere Momente des Seelenlebens in den Hintergrund treten.

strukturierenden Begrenzung der Beziehungsdynamik kann es vorkommen, dass an bestimmten Stellen des Interviews anstatt an einem aktuellen Erlebnis die Erkenntnis voranzutreiben, eine fachmännische Frage gestellt wird, womit ein unbewusstes Bedürfnis nach Entspannung bedient werden kann. Vom klinischen Standpunkt aus kann eine solche Entspannung als nötig erachtet werden. Enthält sich der Interviewer aber solcher Fragen, wird er am Ende die Unvollständigkeit seiner Daten bezüglich eines bestimmten Diagnoseschemas oder einer Neurosentheorie beklagen müssen.

Deshalb empfiehlt es sich, eine für den Patienten wie den Analytiker deutliche zeitliche und inhaltliche Trennung dieser beiden Verfahren einzuhalten und am Ende der Begegnung eine Zeitspanne einzuräumen, die der Erlangung von Antworten auf noch offene Fragen im Hinblick auf ein objektives

---

Hier sind folgende technischen Konzepte angesiedelt: Beebe und Lachmann, die Ko-Konstruktion in der Dyade steht im Mittelpunkt; Stern, der Gegenwartsmoment steht im Mittelpunkt; Fonagy, Gergely, Jurist und Target, das Mentalisierungsdefizit steht im Mittelpunkt, die Technik wird deshalb Mentalization-Based Treatment genannt.

2. Fokale Konzeptualisierungen: Die klinischen Kontexte werden in einem Fokus zusammengefasst. Hierher gehören Lachauer: das aktuelle Hauptproblem der Symptome, deren unbewusster Hintergrund und die innere Lösungsphantasie; Klüwer mit Bezug zum Ulmer Prozessmodell: der Fokus wirkt im Hintergrund als Container; Küchenhoff: PAKT (= Psychodynamische Kurz- und Fokaltherapie): Betonung der Zeitbegrenzung und der damit verbundenen Gleichgewichtsproblematik zwischen Begrenzung und Kreativität. Referenzsystem ist der OPD (= Operationalisierte Psychodynamische Diagnostik).
3. Manualisierte Therapien, die die psychoanalytische Dimension komprimieren. Strupp und Binder: TLDP (= Time limited dynamic psychotherapy): Übertragung und Gegenübertragung wird vereinfacht und mit überschaubaren Mitteln gehandhabt; ZBKT (= Zentrales Beziehungskonflikt-Thema), Luborsky: es bearbeitet den zentralen Beziehungskonflikt; Strukturbezogene Psychotherapie, Rudolf: den Patienten auf seinem individuellen Strukturniveau abholen, spiegelnde Beschreibung, emotionale Antwort und zuverlässige Beelterung; TFP (= Transference-Focused-Psychotherapy), Clarkin, Yeomans, Kernberg: typische Muster verrinnerlichter Objektbeziehungen bei Borderline-Patienten verändern; Mentalization-based Treatment, Fonagy: bei Mentalisierungsstörung aktiv die Interaktion unterbrechen und gemeinsam, aktiv die Fehlregulierung untersuchen.

Schema dient. Eine solche Trennung hat den Vorteil, dass der Interviewer sowohl die für diesen Patienten und diese Analytiker-Patient-Beziehung relevanten aktuellen Informationen, als auch die für eine objektive Diagnostik nötigen Daten erhält. Zugleich hebt diese Trennung für den Patienten die besondere analytische Gesprächsweise im Kontrast hervor. Dies ist für eine Entscheidung für eine psychoanalytische Therapie von besonderer Bedeutung, wird dem Patienten doch hier zum ersten Mal sinnfällig, auf welches Vorgehen er sich einlässt. Die systematische Befragung ans Ende des Interviews zu legen, bedeutet, dass für die szenische Entfaltung des aktuell unbewussten Themas die Bühne noch völlig neu und frei von allen Wiederholungen ist. Fände die Befragung zu Anfang statt, fiele es schwer, zu einer unstrukturierten Vorgehensweise umzuschalten, hat man doch gerade den Patienten mit der üblichen Arzt-Patient-Beziehung in Sicherheit gebracht, aus der er nun wieder künstlich herausgeholt werden soll. Kernberg ist sich dieser Problematik bei einem fragenden Einstieg in das Interview durchaus bewusst, wenn er schreibt, dass sich der Patient auf diese Weise an das Interview anpasst, seine Angst verringert und so »Bereiche gegenwärtiger Konflikte und früher Übertragungsentwicklungen verdeckt werden« (ebd., S. 49).

Eine andere Zweiteilung bezieht sich nicht auf eine unterschiedliche Datenerhebung, sondern auf verschiedene Blickwinkel auf dasselbe Material. Neben dem verstehenden Blick kann die Szene unter dem Blickwinkel der Persönlichkeitstheorie und klinischen Theorie betrachtet werden. Das bedeutet, dass der Gesprächsverlauf im Nachhinein erneut im Hinblick auf bestimmte klinisch wichtige Erkenntnisse befragt wird. Diese Informationen sind im Material enthalten, wenn man es anders befragt. Hierbei geht es um Aussagen über den psychischen Apparat des Patienten, den strukturalen, den dynamisch-ökonomischen und den genetischen Gesichtspunkt. Auch Aussagen über Charaktereigenschaften, die Introspektionsfähigkeit, die psychische Flexibilität, die Realitätswahrnehmung, Objektbeziehungen und die Motivation des Patienten, die für die Einschätzung der Therapierbarkeit und die Prognose von Bedeutung sind, sind bei dieser Betrachtung im Material enthalten.[7]

7 Vgl. zu dieser Form der Bearbeitung des Interviews das Kapitel über »Die nachträgliche Bearbeitung eines Interviews im Hinblick auf eine psychoanalytische Diagnose«.

Auf der Linie des psychoanalytisch orientierten Interviews liegen auch stärker strukturierte Manuale wie der OPD (1996), der ICD (Weltgesundheitsorganisation 1993) und der DSM (Diagnostisches und statistisches Manual psychischer Störungen 1991), in denen trotz Begriffsveränderungen das psychoanalytische Gedankengut unschwer zu erkennen ist. Sie gehören allerdings zu den Ordnungsschemata, die genau genommen eine zusätzliche Befragung des Patienten, also auf jeden Fall eine wie oben beschriebene Zweiteilung des Interviewverfahrens erfordern. Das liegt daran, dass hier nicht intrapsychisch im Hinblick auf einen logisch konzipierten psychischen Apparat – wie bei der oben beschriebenen Nachbefragung des Materials auf strukturale, dynamische, ökonomische und genetische Gesichtspunkte –, sondern phänomenologisch interpsychisch verglichen wird. Dabei werden beobachtbare *und* abfragbare, d. h. bewusste Verhaltensweisen von vielen Patienten im Hinblick auf ihr gehäuftes gemeinsames Auftreten, was dann Verhaltensverbände erkennen lässt, denen Krankheiten oder Persönlichkeiten zugeordnet werden, verglichen. Zur Kategorisierung des Patienten in einem solchen Schema braucht man andere Daten als die im psychoanalytischen Interview vorhandenen, während vorhandene Daten überflüssig sind, weil sie nicht im vorgegebenen Schema relevant sind. Im »echten« psychoanalytischen Interview gibt es keine überflüssigen Daten. Alles ist relevant, weil Teil der Szene und keinesfalls zufällig. Wenn dennoch Tatsachen unstimmig übrigbleiben, so liegt das an dem noch unvollständigen Verstehen. Eine zusätzliche Befragung des Patienten zwecks seiner Einordnung in ein objektives Schema (OPD, ICD, DSM) ist dann relevant, wenn es um empirische Forschung, aber v. a. um schulenübergreifende Vergleiche geht.

Alle diese Verfahren zählen noch zu den psychoanalytisch orientierten, obwohl die Interviewtechnik standardisiert ist, weil das Ordnungsprinzip der so gewonnenen Daten ein psychoanalytisches ist (dezidiert im OPD, nur noch unwillig bei ICD und DSM). Sie liegen sozusagen am äußersten Pol einer Linie des psychoanalytisch orientierten Interviews, auf dessen anderer Seite das tatsächliche psychoanalytische Interview mit seiner konsequenten Verarbeitung subjektiver Daten und seiner dafür hohen Aussagekraft über diesen Patienten in dieser Situation angesiedelt ist. Das vorher erwähnte halboffene Interview läge somit zwischen diesen beiden Polen.

Folgendermaßen könnte man diese Verhältnisse graphisch auf einer Geraden anordnen:

Psychoanalytisches → halboffenes/strukturelles → standardisiertes Interview

Die Entscheidung, welche Interviewart man wählt, hängt von den Zielen des Interviews ab. Für den häufigsten Anlass eines Interviews, die Einleitung und Abklärung einer psychoanalytischen Behandlung, ist das psychoanalytische Erstgespräch das geeignete Instrument. Unter psychoanalytischen Behandlungen verstehe ich hier alle Verfahren, in denen die psychoanalytische Methode angewandt wird, also auch z. B. Kurztherapien, niederfrequente Formen, Gruppentherapie etc. Für die Wahl des geeigneten Therapieverfahrens benötigt der Analytiker eine Diagnostik, die prozesshafte dynamische Faktoren, wie der Patient in einer aktuellen analytischen Situation mit seinem inneren Gleichgewicht umgeht, mit einbezieht. Ebenso erfordert die Entscheidung, ob der Analytiker *diesem* Patienten mit einer bestimmten Diagnose helfen kann, eine Erfahrung mit eben diesem Patienten in einer analytischen Situation. Auch der Patient braucht diese Erfahrung, um frei entscheiden zu können, ob er sich einem psychoanalytischen Verfahren anvertrauen will (vgl. Argelander 1966, S. 41).

In Fällen, bei denen der Psychoanalytiker während des Interviews zu erkennen glaubt, dass dieser Patient mit dem psychoanalytischen Interview überfordert ist, kann er im Verlauf zu einer halboffenen Form wechseln. (Ich verweise wieder auf die szenische Bedeutung dieses Wechsels.) In Institutionen, in denen qua Auftrag schwer gestörte Patienten behandelt werden, wird man evtl. von vornherein auf das von Kernberg vorgeschlagene Mischverfahren zurückgreifen, um unnötige Dekompensationen zu vermeiden, aber doch eine Erfahrung im Hier und Jetzt mit dem Patienten zu machen. Diese Problematik wird in einem gesonderten Kapitel dieses Buches diskutiert.

Für wissenschaftliche und statistische Zwecke, wie z. B. therapievergleichende Studien, sind die objektiven Verfahren zu verwenden.

Jede Interviewart produziert und akzentuiert ihre spezifischen Informationen. Argelander (1970a, S. 12–15) unterscheidet objektive, subjektive und situative bzw. szenische Informationen.

1. Objektive Informationen

Das sind vom Patienten mitgeteilte Daten und Tatsachen, die überprüfbar sind. Jede objektive Befragung (OPD, ICD, DSM) liefert solche Daten, aber auch in jedem psychoanalytischen Interview erhält man sie, allerdings unsystematisch. Mit Hilfe einer auf klinischem Wissen basierenden Verarbeitung dieser Informationen können Schlüsse auf die unbewusste Persönlichkeit des Patienten gezogen werden. Diese »Person« allerdings ist »klischiert« (ebd., S. 13),[8] da sie mit Hilfe standardisierter Fachtermini, also verallgemeinernder, abstrahierender Begriffe beschrieben wird. Deshalb ist diese abstrahierte »Person« zwar mit der »wirklichen« Person deckungsgleich, jedoch nur sehr grob. Sie verhält sich zu dem »wirklichen« Menschen wie eine Schemazeichnung zu einer Photographie.

Für wissenschaftliche Zwecke, also überall wo Vergleichbarkeit gefordert ist, eignen sich solche Konstruktionen. Sie basieren auf theoretischen bzw. statistischen Einsichten, haben aber, falls dem Patienten z. B. mitgeteilt, keine therapeutische Wirkung und wenig Voraussagekraft für den möglichen Behandlungsprozess. »Als Kriterium für den relativen Wahrheitsgehalt bietet sich die logische Evidenz an.« (ebd., S. 13)

2. Subjektive Informationen

Diese Informationen können mehr oder weniger objektiv sein, sie sind eindeutig, aber schwer nachprüfbar. Sie erhalten ihren Wert aus der Bedeutung, die *der Patient* ihnen verleiht, im Gegensatz zur Bedeutungsverleihung durch eine Theorie. »Das Kriterium für ihre Verlässlichkeit ist die situative Evidenz.« (ebd., S. 14)

---

8 Dies ist nicht mit Lorenzers Begriff des Klischees zu verwechseln (vgl. Lorenzer 1970, S. 72–93). Er bezeichnet mit dem Begriff Klischee unbewusste Repräsentanzen, die aufgrund von Konflikten aus dem allgemeinen Sprachgebrauch entfernt wurden, aber trotzdem ihre Wirksamkeit für Verhalten behalten. Weil diese Bedeutungen unbewusst sind, können sie nicht überprüft, an gegebene Situationen angepasst oder von diesen unterschieden werden. Das führt zu einer klischeehaften stereotypen unbewussten Einschätzung von Situationen und zu einem immer gleichen unverständlichen Verhalten, das wir neurotisch nennen.

3. Situative Informationen

Situative Informationen sind die Erlebnisse des Analytikers mit allen Gefühlsregungen und Vorstellungsabläufen im Zusammensein mit diesem Patienten. Diese Informationen sind nicht nachprüfbar. Sie sind einmalig und sehr persönlich und werden deshalb, so Argelander, häufig verschwiegen. Sie haben einen hohen diagnostischen Wert und eine starke Voraussagekraft für den Behandlungsverlauf, sofern der Interviewer geschult ist, diese Informationen im Hinblick auf die aktuelle unbewusste Person des Patienten zu verarbeiten. Wenn sich eine subjektive Behauptung mit einer szenischen oder situativen Information verbindet, so erreicht sie eine szenische oder situative Evidenz, d. h. »das Gefühl einer prägnanten Übereinstimmung zwischen der Information und dem Geschehen in der Situation« (ebd., S. 14).

Selbstverständlich ist im psychoanalytischen Interview das Zusammenspiel aller Informationen wünschenswert, jedoch kommt der zweiten und dritten Kategorie eine ungleich höhere Bedeutung zu, weil es hier um einen bestimmten Menschen im Gegensatz zu einer Typisierung eines Menschen, also seiner Verallgemeinerung, geht. Subjektive und noch mehr situative Informationen sind hingegen in psychoanalytisch orientierten standardisierten Befragungen irrelevant.

II. Kapitel

Die Anwendung der psychoanalytischen Methode im Rahmen des Erstgesprächs

Im Folgenden wird der Anspruch, die psychoanalytische Methode von Anfang an anzuwenden, theoretisch begründet.

Die Übertragung

Der für diese Möglichkeit zentrale Begriff – bzw. Prozess – ist der der Übertragung. Der Übertragungsprozess ist ein ubiquitäres Phänomen, das in jeder Beziehung wirksam, allerdings nur unter besonderen Bedingungen beobachtbar ist. »Die Übertragung stellt sich in allen menschlichen Beziehungen ebenso wie im Verhältnis des Kranken zum Arzte spontan her.« (Freud 1910, S. 55) Das Konzept besagt, dass jeder Mensch in einer Beziehungssituation seine unbewussten, in der Kindheit erworbenen und dynamisch wirksamen Muster auf die aktuelle Beziehung überträgt. Das bedeutet, dass er unabhängig vom bewussten Zweck der Begegnung, die Beziehung unbewusst nach seinen ihn prägenden infantilen »Konfigurationen« (Argelander 1970, S. 327) gestaltet. Motor dieser Anstrengung ist das Bedürfnis nach Befriedigung von Wünschen, die Notwendigkeit, Ängste zu bewältigen, der Drang, unerledigte traumatische Erfahrungen mitzuteilen, neu zu gestalten und zu erledigen und das Selbst zu bestätigen und zu stabilisieren. Bei dieser Übertragungsarbeit koordiniert das Ich die unbewussten Tendenzen mit denen der bewussten Beziehung so, dass sie nicht auffällig, sondern quasi unsichtbar in das Beziehungsgeschehen integriert werden bzw. die Szene so variiert wird, dass sie hineinpassen. Argelander hat für diese Ich-Leistung den Begriff der szenischen Funktion des Ichs (ebd., S. 325–345) geprägt. Er betont den Einfluss der momentanen Situation auf die Gestalt, die die gleichbleibenden inneren Konfliktkonfigurationen annehmen. Die so entstehende »Verlaufsgestalt«

ist eine »frische Schöpfung des Ichs« (ebd., S. 326) und nicht lediglich eine Neuauflage alter Beziehungskonstellationen. Diese Aktualisierung erlaubt überhaupt erst die Veränderung in der analytischen Begegnung.

Dass die Übertragung die Aufmerksamkeit des Analytikers verdient, liegt in den sozialisationstheoretischen Erkenntnissen der Psychoanalyse begründet. Pollak (1998) hat diese psychoanalytischen Grundannahmen folgendermaßen zusammengefasst:

1. »Der gattungsgeschichtliche Übergang von Natur zu Kultur konstituiert sich im Aufbau einer sinnstrukturierten sozialen Welt, einer symbolischen Ordnung und der damit verbundenen Sprachentwicklung« (ebd., S. 10).
2. »Sozialisation bedeutet, dass jedes Kind – vorwiegend in der Beziehung zu seinen primären Bezugspersonen – in diese sinnstrukturierte Welt eingeführt wird und eine Kompetenz erwirbt, sich in ihr zu orientieren und zu verhalten« (ebd., S. 10).
3. »Hinsichtlich der frühesten und prägendsten Erfahrungen dieser Sozialisation besteht ab einem bestimmten Alter eine Amnesie. [...] Sie hinterlassen aber gleichwohl in der psychischen Struktur des Individuums ihren Niederschlag und bestimmen in hohem Maße sein Erleben und Verhalten« (ebd., S. 10/11).
4. »Psychische Störungen sind, soweit sie Gegenstand des psychoanalytischen Verfahrens werden können« (ebd., S. 11), auf diesen Sozialisationsprozess zurückzuführen.

Um die Beziehungskonfigurationen, die in einem Zusammenhang mit den psychischen Problemen stehen, derentwegen uns die Patienten aufsuchen, zu erkennen, muss der Analytiker sein Augenmerk auf deren latente Inszenierung im Erstgespräch richten, denn sie sind nicht sprachlich repräsentiert (vgl. Lorenzer 1970, Kapitel VI.). Für diesen Erkenntnisvorgang gibt es keine methodische Alternative zur Anwendung des psychoanalytischen Wahrnehmens, Denkens und Deutens im Erstgespräch.

Die Bedingung der Möglichkeit, die Übertragung zu beobachten – Die psychoanalytische Situation

Die Übertragungsbeziehung ist aufgrund ihrer szenischen Bearbeitung nicht ohne weiteres zu beobachten. Dazu bedarf es einer »ungewöhnlichen Gesprächssituation«, die durch eine bestimmte Haltung, Wahrnehmungs- und Denkweise des Analytikers eingeführt wird (vgl. Kutter 1988).

Die Haltung des Analytikers ist die der weitgehenden Abstinenz. Sie bedeutet nicht nur, dass der Analytiker von einer Einbringung ihn als bestimmte Person charakterisierender Informationen absieht, sondern dass er ebenso auf eine konventionelle Art der Beantwortung der Beziehungsangebote des Gegenübers verzichtet. Diese abstinente Haltung des Analytikers und der große Spielraum, der dem Gestaltungspotenzial des Patienten durch die Unstrukturiertheit der Situation gewährt wird, kehren die Verhältnisse aus einer alltäglichen Kommunikation um: Wenn dort der konventionelle Umgang, orientiert an der jeweiligen Aufgabe und der Geschichte der Beziehung, das Geschehen steuert, so gerät hier die persönliche Art des Patienten, diese Beziehung zu gestalten, in den Vordergrund. Den unbewussten Konfliktkonfigurationen wird eine optimale Möglichkeit geboten, sich in Szene zu setzen. Die gestalterische Aktivität richtet sich auch auf den Analytiker, der bereit ist, subjektiv unmittelbar, d. h. nicht nach konventionellen Regeln, innerlich zu reagieren. Zugleich versetzt sich der Analytiker in eine beobachtende Position gegenüber den Aktivitäten des Patienten und seiner eigenen inneren Reaktionen. Er oszilliert zwischen Teilhabe und Beobachtung.[9] Da es gerade im Erstgespräch um die Diagnose der infantilen Konfliktkonfigurationen, die in einem Zusammenhang mit den psychischen Problemen stehen, geht, muss der Analytiker diese Haltung verwirklichen.

---

9 Diese sogenannte Abstinenz ist in Bezug auf nicht-analytische Beziehungssituationen eine relative und keine absolute Größe. Selbstverständlich hält sich der Analytiker in analytischen Situationen auch an gewisse Umgangsformen, aber in Relation zu anderen Situationen ist er zurückhaltender.

Die psychoanalytische Methode – Wahrnehmen, Denken, Deuten

Die Förderung des subjektiven Gestaltens und die sorgfältige, ungerichtete Wahrnehmung aller Aspekte der Szene (freischwebende Aufmerksamkeit) sagt noch nichts über den subjektiven Sinn dieser Phänomene aus. Das motivierende Moment, das Thema, der Sinn, die unbewusste konflikthafte Beziehungskonstellation, die ihnen eine Bedeutung verleiht, müssen erst erschlossen werden.

Im psychoanalytischen Denken ist die Frage nach dem Sinn einer Szene die nach den Motiven der handelnden Personen. Die allgemeine Formulierung, dass Wünsche befriedigt, Ängste minimiert und traumatische Erfahrungen erledigt werden sollen, gilt für jeden Menschen in dieser Situation und sagt somit nichts über die je spezifische Bedeutung der Szene aus. Dieser spezifische Sinn der in Szene gesetzten Phänomene erschließt sich nicht unmittelbar, denn die subjektiven Motive, obwohl verantwortlich für die Gestaltung, sind unbewusst. Die bekanntesten Stellen, an denen sich unbewusste Motive sinnfällig bahnbrechen, sind die Fehlleistungen. Dort schieben sich sozusagen hinterrücks unbewusste Absichten in den bewussten, vernünftigen Denk- und Handlungsvorgang ein und verändern ihn. Diese psychischen Erscheinungen sind einem Versagen der (szenischen) Funktion des Ichs zuzuschreiben, die in diesem Moment überfordert wird. Ein anderer Weg, die »via regia« zu unbewussten Motiven, ist der Traum. Es liegt aber nahe, da sich der Analytiker nicht auf das Auftreten von Fehlleistungen oder das Erzählen von Träumen verlassen kann, dass es weitere Einstiegspunkte in den unbewussten Sinn einer Handlung gibt, die diesen Prototypen strukturell ähnlich sein müssen, obwohl sie bei intakter szenischer Funktion ich-synton für den Patienten und stimmig im Gesamt der Szene sind.

Analysen von Erzähltexten (vgl. Argelander 1991) haben ergeben, dass der Sinn einer Szene im Text durch die spezifische Verknüpfung von Aussagen vermittelt wird (vgl. ebd., S. 7ff.). Aussagen werden durch Worte wie weil, deshalb, obwohl, und, trotzdem etc. verbunden. Sie geben an, wie und warum das eine auf das andere folgt. Durch die Wahl der Verknüpfung wird entweder eindeutiger Sinn, fehlender Sinn oder zweideutiger bzw. mehrdeutiger Sinn hergestellt. Erzählungen sind regelhaft an bestimmten Stellen so verknüpft, dass Unklarheit bzw. Uneindeutigkeit über die ursächlichen Zusammenhänge von Ereignissen und Handlungen besteht. Dies sind die den Fehlleistungen analoge Stellen, die auf die Existenz unbewusster Motive verweisen und damit eine Deutungsaufforderung enthalten. Der Analytiker wird bei seinem Zuhören nicht bewusst auf diese in der formalen Textanalyse zutage tretenden, im großen und ganzen widersprüchlichen Verknüpfungen achten, sondern sich auf sein sozialisiertes Sprachgefühl verlassen, in dem vorbewusst solche Besonderheiten der Rede Beachtung finden.[10] Diese Ausführungen über die Stellen einer Erzählung, die Deutungsaufforderungen enthalten und damit unbewussten Sinn signalisieren, lassen sich auf die Erfassung einer gesamten Szene mit auch averbalen Informationen erweitern. Zweideutige, widersprüchliche Verknüpfungen oder deren Fehlen sind auch hier die Lücken, die auf latenten Sinn verweisen und durch Deutungen geschlossen werden müssen. Daraus ergibt sich, dass Deutungen, ob sie nun mitgeteilt werden oder nicht, die Folge von Denkakten sind, die solche Lücken schließen.

Dies führt zu der Eigenart, wie psychoanalytische Deutungen »gemacht« werden bzw. wie der Analytiker denkt (vgl. Laimböck 1994). Deutungen sind das Produkt einer ungewöhnlichen Zusammenhangsbildung von Inhalten aus der Szene. Analytiker denken regelhaft zyklisch, d. h. sie greifen auf früher Wahrgenommenes zurück und thematisieren es neu in einem anderen Kontext, wobei der aktuellen Beziehung Analytiker-Patient eine besondere Bedeutung zukommt. Eingesetzt in eine Motivlücke ergeben solche Zusammenhangsbildungen, die Deutungen, einen Sinn, d. h. sie definieren, welche Motive für diese oder jene Handlung verantwortlich sind. Die Eingrenzung der Zusammenhangsbildung durch einen aktuellen Anlass, die Lücke, durch das Ziel, diese szenische Lücke zu schließen und die Forderung, zur Zusammenhangsbildung nur Inhalte aus der aktuellen Szene zu benutzen, gewährleistet, dass die Deutung eine aktuelle unbewusste Thematik aufgreift.

---

10 Siehe dazu Pollak, der Sozialisation als Einführung »in die symbolische Ordnung und der damit verbundenen Sprachentwicklung« definiert (Pollak 1998, S. 10).

Aus diesen Überlegungen ergibt sich von selbst, dass es mehrere mögliche Deutungen gibt, allerdings nicht beliebig viele, da sich jede Deutung an den obigen Kriterien bewähren muss. Es gibt daher bessere und schlechtere Deutungen, solche, die viele bzw. wenige Lücken schließen und damit einen umfassenden bzw. weniger umfassenden Sinn erzeugen. Dass das psychoanalytische Diagnostizieren ein solcher Deutungsvorgang ist, sofern die psychoanalytische Situation im Erstgespräch hergestellt und die psychoanalytische Methode angewandt wird, ist evident. Der Vorteil dieser Art des Diagnostizierens gegenüber jeder anderen Erklärungsmethode (z. B. mittels Anwendung der klinischen Theorie) ist, dass keine hypothetischen, sondern aktuell wirksame Persönlichkeitsbereiche erfasst werden. Eine in diesem Sinne gute Diagnose formuliert deshalb ein Thema, einen zentralen Konflikt, der formal gesehen alle Lücken in der Szene schließt und der in der Lage ist, dem szenische Geschehen insgesamt einen Sinn zu geben. Diese Art des Diagnostizierens wird an den Beispielen in den Kapiteln über die Eingangsszene und die Fortführung des Dramas vorgeführt.

Die Dynamik der Szene – Das Drama

Die Motivation für die szenische Aufführung ist die Befriedigung von Wünschen, die Minimierung von Ängsten, die Darstellung und Verarbeitung von Traumata und die Selbstbestätigung in einer lebendigen Beziehung. In der neurotischen Umsetzung dieser Motivation wird die Beziehung in das Ich hineingenommen und eine autoplastische Veränderung an der Person vorgenommen. Ihr Charakteristikum ist der Versuch einer Lösung außerhalb der Beziehung. Im psychoanalytischen Erstgespräch und in der analytischen Behandlung selbst stützen wir uns auf die soziale Tendenz des Unbewussten (Übertragung), die dem Versuch, die Konflikte beziehungslos, alloplastisch, zu erledigen, immer entgegenwirkt. Wir kommen dieser sozialen Tendenz, deren Ursache das Festhalten an der *Verwirklichung* der Beziehungsabsichten ist, durch das Setting, die Haltung des Analytikers und die Deutungsarbeit entgegen.

Das Geschehen zielt also auf einen »Idealzustand« (nach Aristoteles, vgl. Meyers großes Taschenlexikon, Bd. 5., 1983, S. 313ff.) bzw. ein »happy-end« hin, das aber deshalb nicht zu erreichen ist, weil Hindernisse aller Art – moralische, libidinöse, aggressive, Idealvorstellungen – im Wege sind und ihre Anerkennung verlangen. Deshalb gerät die Inszenierung zu einem Drama. Die Szene bewegt sich nicht zielstrebig auf die Verwirklichung eines Idealzustandes hin, sondern wird im Spannungsfeld widerstreitender Tendenzen vielfältig gebrochen, umgeleitet und modifiziert. Das erklärte Ziel des Analytikers, über den Sinn und Zweck der Handlungen aufzuklären, birgt weiteren Konfliktstoff, ist doch der Patient nicht primär an Aufklärung, sondern an Befriedigung trotz aller Komplikationen interessiert. Außerdem verändert das deutende Eingreifen das Kräfteverhältnis zwischen den inneren Standpunkten und eröffnet damit neue Wendungen.

Der dramatische Effekt einer psychoanalytischen Szene wird also durch das gleichzeitige Streben und Widerstreben im Patienten und das deutende Eingreifen des Analytikers erzeugt.[11] Den dramatischen Fortgang im Interview verfolge ich an konkreten Beispielen im Kapitel über die fortschreitende Entwicklung des Dramas.

---

11 Ich möchte an dieser Stelle erneut auf die besondere Bedeutung der situativen Evidenz verweisen. Da hier ein Stück analysiert wird, das gerade hier und jetzt gespielt wird, die Motive der Handelnden also im Moment wirksam sind, hat ein derartiges Vorgehen eine verändernde Wirkung, im Gegensatz zur eher kognitiven Analyse einer Szene im Dort und Dann, in die nicht mehr eingegriffen werden kann. Wenn die Deutungen im Erstgespräch also nicht nur zum Diagnostizieren verwendet werden, sondern der Patient am Deutungsprozess durch Mitteilung der Deutungen beteiligt wird, so hat das Erstgespräch eine therapeutische Wirkung.

Praktische Folgen

> Diese Einstellung zur Untersuchungsanordnung scheidet prinzipiell Diagnostik und Therapie nicht voneinander. Das psychoanalytische Instrument passt sich selbstverständlich der besonderen äußeren Struktur dieser zunächst begrenzten analytischen Situation an, die nur die Tendenz verfolgt, diagnostische Fragen zu klären und den Patienten für eine Psychotherapie aufzuschließen. (Argelander 1966, S. 42)

Diesen besonderen Rahmenbedingungen, an die sich »das psychoanalytische Instrument anpasst«, möchte ich mich im Folgenden zuwenden.

Der Zweck und das Ziel des Erstgesprächs sind die Diagnose, die daraus folgende Indikationsstellung und die darauf aufbauende Beratung des Patienten. Der Patient erwartet analog, dass er mit seinen Problemen, Leiden, Anliegen etc. gesehen, beurteilt, eingeschätzt und ihm schließlich ein Vorschlag zur Behandlung gemacht wird. Unausgesprochen besteht zwischen den Gesprächspartnern ein Einverständnis über dieses Ziel des Gesprächs. Der Patient vertraut dem Analytiker in seiner Kompetenz, dieses Ziel zu erreichen, eine Kompetenz, die durch seine Zugehörigkeit zu einer Fachvereinigung, erworbene Titel, Zertifikate und Zulassungen etc. ausgewiesen ist. Eine persönliche Präferenz gibt es meistens noch nicht. Unter diesen Bedingungen ist der Patient bereit, sich zu öffnen. Insofern ähnelt das Erstgespräch einer ersten intimen Begegnung, aus der heraus eine langfristige Beziehung entstehen kann, aber nicht muss. Ein Belassen bei dieser einmaligen Begegnung wird von keinem der Partner als Vertragsbruch oder Untreue verstanden, es wird vielmehr als möglicher Ausgang akzeptiert.

Die Intimität, auf die sich der Patient wie auch der Analytiker einlassen, besteht darin, dass sich der Analytiker als Fremder durch seine Methode, in eine sonst dem Patienten oder dessen engsten Bezugspersonen vorbehaltene Sphäre einmischt. Diese Einmischung geht über den Erhalt privater, intimer Daten hinaus. Der Analytiker erlaubt sich zusätzlich, das aktuelle Verhalten des Patienten im Kontext der Interviewer-Patient-Beziehung zu subjektivieren.

Ein kurzes Beispiel soll diese Subjektivierung erläutern: Der Patient kommt mit sehr verschmutzten Schuhen in die Praxis zum Erstgespräch, so dass er bei jedem Schritt zu seinem Platz dicke Dreckklumpen auf dem Teppichboden hinterlässt. Die Objektivierung dieser Tatsache entspräche der »Normalkommunikation«, wenn etwa dieses Geschehen auf das schlechte Wetter zurückgeführt würde. Dann sind objektive Gegebenheiten, das Wetter, die Ursache für die Dreckklumpen auf dem Teppichboden. Die ungewöhnliche Gesprächssituation des psychoanalytischen Verfahrens sucht dagegen die Ursachen in den Motiven des Patienten, im Subjekt also. Solche Motive könnten sein: dem Psychoanalytiker Dreck in die Praxis bringen, seinen Dreck bei ihm abladen, ihn anmachen zu wollen etc. Die Handlung kann aber auch als eine Selbstdarstellung verstanden werden, als einem, der immer Dreck mitbringt, einem der Dreck am Stecken hat etc.

Die subjektivierende Sichtweise des Analytikers knüpft an eine in der Kindheit allgemein ausgeprägte Sicht- und Denkweise an, die Piaget mit dem egozentrischen Denken beschreibt (Piaget 1975, Kap. X, 1974, S. 169–175). Der Patient lässt sich damit auf etwas Altes, ihm durchaus Vertrautes ein. Die Deutung dieses Verhaltens lässt viele Möglichkeiten offen. Sie sollte aber nur im Kontext der aktuellen Szene erfolgen, damit die Subjektivität nicht objektiviert wird und im Einzelfall nichts mit den tatsächlichen Motiven des Betreffenden zu tun hat. Diese subjektivierende Einstellung des Analytikers führt zu Erklärungen, Deutungen, die dem Patienten mitgeteilt werden, um seine Aufmerksamkeit auf relevante unbewusste aktuelle Themen zu richten. Mit diesen Bemerkungen greift der Analytiker bereits im Erstgespräch in das unbewusste Gleich- bzw. Ungleichgewicht des Patienten ein. Damit entfaltet das Erstgespräch eine erstaunliche therapeutische Wirkung, wie etwa eine psychoanalytische Kurz- bzw. Krisenintervention, ohne dass dies der eigentliche Zweck der Anwendung wäre. Diese Erfahrung birgt für den Patienten eine hohe motivierende Kraft für eine psychoanalytische Behandlung. Henningsen z. B. beschreibt drei Erstgespräche, in denen die unbewusste Ambivalenz der Patienten gegenüber der hochfrequenten Analyse im aktuellen Kontext der Beziehung Analytikerin-Patient und im Zusammenhang mit einem lebensgeschichtlich bedeutsamen Muster thematisiert werden konnte (Henningsen 1994). Eine solche Sicht- und Gesprächsweise liegt quer zu konventionellem Umgang miteinander und unterscheidet sich auch von ärztlichen Anamnesen, an die sich der Patient aufgrund von Erfahrung anlehnt. Dort werden ebenfalls intime Daten und Einblicke gewährt, jedoch wird gerade diese Subjektivierung unterdrückt.[12] In der psychoanalytischen Therapie – im Gegensatz zum Erstgespräch – ,besteht ein Vertrag der u. a. diese Umgangsweise betrifft. Beide Partner vereinbaren sozusagen mit der Verpflichtung auf die freie Assoziation und die gleichschwebende Aufmerksamkeit diese ungewöhnliche Gesprächssituation. Im psychoanalytischen Erstgespräch wird diese Sicht- und Umgangsweise, ohne dass es dafür eine Vereinbarung mit dem Patienten, noch eine ihm vertraute Erfahrung gäbe, eingeführt.

Dieser vertragslose Zustand erfordert vom Interviewer ein besonderes Fingerspitzengefühl. Er kann sich nicht wie in der psychoanalytischen Behandlung völlig auf das szenische Verstehen konzentrieren und dem Patienten und sich Phasen großer Beunruhigung, Nicht-Verstehens und ähnlichem zumuten. Er muss vielmehr ein Gleichgewicht zwischen der labilisierenden psychoanalytischen Gesprächsweise und dem berechtigen Anliegen des Patienten nach Anerkennung konventioneller Umgangsformen und einem Erhalt seiner inneren Stabilität wahren. Dieses Gleichgewicht kann entweder in Richtung Traumatisierung des Patienten oder Preisgabe des analytischen Verstehens zugunsten z. B. eines »üblichen« Frage-Antwort-Spiels verlorengehen. Es gibt keine Regeln wie diese Ausgewogenheit im konkreten Fall zu erreichen ist. Dabei spielen die je aufeinandertreffenden Persönlichkeiten und der Anlass für das Erstgespräch eine Rolle. Grundsätzlich aber bekommt der Patient durch den besonderen Rahmen der psychoanalytischen Praxis eine erste Ahnung und damit Vorbereitung darauf, dass es bei dieser Begegnung anders als z. B. beim Arzt und v. a. sehr personenzentriert zugeht: Der Termin für das Erstgespräch wird mit dem Therapeuten selbst vereinbart, womit die Bedeutung der persönlichen Begegnung unterstrichen wird. Im Wartezimmer trifft der Patient in der Regel nicht auf andere Patienten, was seine Einmaligkeit betont. Er wird pünktlich zur vereinbarten Zeit empfangen, was die Verlässlichkeit des Therapeuten, die Wichtigkeit des und den Respekt vor dem Patienten

12 Bei der ärztlichen Untersuchung werden unter Umständen intime Körperregionen entblößt, und gerade deshalb müssen die je subjektiven Bedeutungen dieser Beziehungssituation hintan gehalten werden.

signalisiert. Keine allgemeinen Informationen und Zeitschriften lenken ihn auf Allgemeines, die Atmosphäre in den Räumen ist ruhig, persönlich und doch distanziert. Diese Vorbereitung eines besonderen Gesprächs durch den Rahmen kann der Analytiker durch seine besondere Interventionsweise beizeiten ausbauen. Er sollte mit einer subjektivierenden Intervention nicht allzu lange warten und auf diese Weise dem Patienten zeigen, wie der vor ihnen liegende »leere« Raum tendenziell zu füllen wäre. Die besondere Art des Eingehens auf die unbewussten Angebote des Patienten erfordert ein Mitgehen mit seinen latenten Bedrängnissen und Themen, was auf Seiten des Interviewers einen »Zustand des ›Eingestimmtseins‹« (Balint 1975, S. 43) erfordert.

Ein empathisches Eingehen auf die unbewussten, ihn hierher führenden Konflikte, so wie sie sich in der aktuellen Situation abbilden, entlastet den Patienten, weil er »gesehen« wird, und überzeugt ihn am ehesten von der Sinnhaftigkeit dieser Verfahrensweise. »Empathisch« meint hier, dass die momentane Beschaffenheit und relative Stärke des Ichs, die latente Angstbereitschaft, der Trieb- und Schulddruck berücksichtigt werden. Argelander hält diese Rücksichtnahme für einen Bestandteil jeder psychoanalytischen Situation, wenn er schreibt, »dass das Vorgehen in jeder analytischen Situation eigentlich die Forderung erfüllen sollte, im Einklang mit der aktuellen Realität und ich-nahen Prozessen zu verbleiben« (Argelander 1966, S. 42).

In diesem Zusammenhang sei auf die besondere Verantwortung des Analytikers im Erstgespräch verwiesen. Möglicherweise bleibt es bei dieser einmaligen Begegnung, und er hat somit nur dieses eine Mal die Gelegenheit, dem Patienten eine Einsicht in die ihn unbewusst tangierenden Konflikte zu geben. Des Weiteren kann er sein Verständnis nicht, wie in einer Therapie, in der nächsten Stunde korrigieren. Ein Missverstehen wiegt demnach schwerer. Außerdem kann er durch den besonderen Umgang mit dem Patienten seine auf formalen Gegebenheiten basierende Kompetenz durch eine erlebte, den Patienten aktuell überzeugende Kompetenz ersetzen.

Gegen Ende des Gesprächs oder in einem zweiten Gespräch ist es die Aufgabe des Analytikers, diese ungewöhnliche Gesprächssituation abzuschließen und wieder an den Zweck des Gesprächs anzuknüpfen. Der Analytiker verlässt dann diese subjektivierende Sicht und gibt auf konventionelle Art Auskunft über seinen Eindruck, die Probleme des Patienten betreffend und die dafür geeignete Behandlung.

Schwierige Passagen in Erstgesprächen

Zumeist gelingt es, unbewusste Tendenzen in den Verlauf einer Beziehungssituation so einzuarbeiten, dass sie die bewussten Beziehungsabsichten nicht stören. Sie lassen sich oft nur an unmerklichen sprachlichen Besonderheiten, den widersprüchlichen oder fehlenden Verknüpfungen in der Erzählung (Brüchen) oder den in einer Szene kaum auffallenden Ungereimtheiten (Lücken) erahnen. In einer nicht-psychoanalytischen, normalen Beziehungssituation füllen die Beteiligten diese Brüche und Lücken »in Gedanken« mit bekannten, unverfänglichen Motiven, damit die Situation weiterfließen kann. Wenn also ein Besucher in einer nicht-psychoanalytischen Situation mit schmutzigen Schuhen ins Zimmer kommt, so mag das kurz irritieren und die Frage nach dem Sinn aufwerfen. Durch eine allgemeine Erklärung, etwa dem schlechten Wetter draußen, wird diese aber sogleich »in Gedanken« beantwortet. Die Lücke ist damit gefüllt und die bewusste Begegnung kann sich ungestört weiterentwickeln. In Alltagssituationen sind alle Beteiligten bemüht, Brüche und Lücken zu verhindern und wenn nötig zu überbrücken (vgl. Lanz 1993). Wenn der Akteur einen, auch von Anderen nicht mehr zu schließenden Bruch erzeugt und dessen subjektive Bedeutung nicht mehr zu übersehen ist, gilt dieser Bruch als Fehlleistung. Wie in den vorigen Kapiteln beschrieben, ist es Teil der psychoanalytischen Haltung, diese alltägliche psychische Arbeit zu verringern und Eigenarten, Ungereimtheiten, Widersprüchlichkeiten etc. deutlich hervortreten zu lassen, weil diese Stellen einen Einstieg in subjektive unbewusste Motive, unseren Gegenstand, bieten.

Auch in der psychoanalytischen Situation gibt es neben subtilen, kaum wahrnehmbaren Brüchen und Lücken solche, die laut und unübersehbar sind. Wird der szenische Ablauf durch eine solche Lücke gestört, die keinen reibungslosen Verlauf mehr ermöglicht, so könnte man von einer szenischen Fehlleistung sprechen. Diese Momente nenne ich schwierige

Passagen. Sie sind immer dort gegeben, wo in unverhüllter Weise rätselhafte, unverständliche Situationen eintreten, in denen sich Unbewusstes ereignet und der Analytiker besonders in die Szene hineingezogen ist. Ich erinnere an den Gegenwartsmoment, wo sich nach meiner Meinung eine schwieriger Passage ereignet (vgl. Stern 2005). Aber auch anhaltende Stagnation kann als eine schwierige Passage gelten; ohne besonders zu lärmen, haben Analytiker und Patient sich mit einer sich wiederholt ereignenden Lücke angefreundet, die daher kaum noch bemerkt wird (vgl. Laimböck 2007). Diese Passagen sind von uns ebenso erwünscht, wie z. B. den Sokratikern die aporetischen Situationen. Sie sind unerlässlich für jedes emotionale Verstehen und jede Veränderung (vgl. Schneider 2006, 2007; Böhme 1998). Mit unserer ungewöhnlichen Gesprächssituation schaffen wir deshalb Bedingungen, in denen schwierige Passagen wahrscheinlich werden.

Auch ein psychoanalytisches Erstgespräch ist der psychoanalytischen Methode verpflichtet, weil die Erkenntnis auf die unbewusste Welt des Patienten abzielt. Den unbewussten Tendenzen wird deshalb ein freies Feld geboten, die Gestaltung der Szene nach subjektiven Motiven wird gefördert. Durch die Einmaligkeit des Erstgesprächs bekommt diese Situation eine besondere Note. Für den Patienten ist das Erstgespräch immer eine aus dem Lauf der Dinge herausragende Situation, wenn er sich jetzt auf das Gespräch einlässt, in dem es um ihn selbst, seine psychische Verfassung und sein Leben gehen soll. Oft geht diesem Gespräch eine Phase des Zweifels mit der Hoffnung voraus, darauf verzichten zu können. Gleichzeitig steigt der Wunsch, sich mitzuteilen und vielleicht etwas verbessern zu können. Wenn der Patient sich dem Erstgespräch nähert, ist deshalb seine innere Situation besonders angespannt. Seine unbewusste Innenwelt ist aufs höchste doppelt alarmiert, sowohl in Richtung auf die Chance, jetzt etwas Unbewusstes in Szene setzen zu können, als auch in Richtung einer Angst, das bisher gewahrte Gleichgewicht und die Kontrolle völlig zu verlieren. Auch geschickte Patienten, die z. B. in unseren Ambulanzen oft die Hälfte unserer Patienten ausmachen (vgl. Meyer 2010), durchlaufen diesen Prozess. Sie werden nach außen vielleicht eine passiv abwehrende Haltung bewahren können – im Sinne von: »ich habe keine Ahnung, was ich da soll und was der Arzt z. B. von mir denkt« –, aber in ihrem Inneren »wissen« sie, um was es gehen könnte. Diese im Erstgespräch herrschende Dringlichkeit führt zu einer höchst verdichteten Inszenierung der ganzen Person des Patienten und einer erhöhten »Gefahr« für eine schwierige Passage. Die Tatsache, dass nach langen Analysen immer wieder auf das Erstgespräch zurückgekommen wird, weil allmählich klar wird, dass in ihm wie in einem Nukleus bereits die unbewusste Persönlichkeit enthalten ist, spricht für dieses Phänomen. In einer neueren qualitativen Auswertung von psychoanalytischen Erstgesprächen kommen die Untersucher zu ihrem »solidesten Untersuchungsergebnis«, dass die »unbewusste Dynamik [...] in allen von uns untersuchten klinischen Fällen viel stärker und mächtiger war, als wir es ursprünglich erwarteten« (Reith 2010, S. 85/86) und dass deshalb das analytische Paar im Erstgespräch nicht daraufhin arbeiten müsse, die unbewusste Welt an die Oberfläche zu bringen, sondern dass es vielmehr darum ginge, wie damit umgegangen wird (vgl. ebd., S. 869). Die Autoren sprechen deshalb in Anlehnung an Bions »emotionalen Sturm« von dem »unbewussten Sturm«, den das Erstgespräch auslöst, eine Metapher, die meiner Meinung nach das dramatische Geschehen gerade in den ersten Begegnungen gut trifft. Wir haben es also im Erstgespräch nicht mit einer lang und breit entfalteten Person und Lebensgeschichte, sondern mit einer kurzen verdichteten Präsentation der Person zu tun. Beide Darstellungen sind auf ihre Art vollständig. Vielleicht verhält sich das Erstgespräch zur psychoanalytischen Behandlung wie eine Kurzgeschichte zu einem Roman. Was hier in einer kleinen dramatischen Szene komprimiert dargestellt wird, wird dort ausführlich, auch in seinem zeitlichen Ablauf entfaltet.

Ich habe schwierige Passagen als Einstiegsluken in die unbewusste Welt des Patienten bezeichnet. Diese Metapher signalisiert, dass es mit dem Auftreten solcher Situationen nicht alleine getan ist. Der Analytiker muss einsteigen, sich vortasten und schließlich etwas entdecken. Dazu gehört ein hermeneutischer Umgang mit dem Material, den ich als eine Art Puzzlespiel beschrieben habe. Der Analytiker spielt mit dem ihm bekannten Material aus der aktuellen Szene so, dass er zu einer Zusammensetzung kommt, der die schwierige Situation oder andere Ungereimtheiten erklärt. Dies führt zu einer Deutung als Anfang einer ausführlicheren Beziehungsdiagnose, die er dem Patienten u. U. mitteilt. Die Deutung wirkt auch, wenn sie im Inneren des Analytikers bleibt. Besonders in Erstgesprächen ist es wichtig, dass diese innere Verstehensarbeit des Analytikers den oft sehr hohen Affekt-, oft Angstpegel moduliert. Nicht mitgeteilte Deutungen können als eine Ausübung der Alpha-Funktion im analytischen Container betrachtet werden. Die Szene wird dadurch so verändert, dass der traumatische Anteil von Affekten, insbesondere Angst, gemildert und somit für den Patienten eine unmittelbare Erfahrung mit dieser Wirkung der psychischen Arbeit des Anderen möglich wird. Wird die Deutung mitgeteilt, so ist zudem eine Einsicht möglich, die auf einer emotionalen Basis ruht.

Aus der Sicht des Analytikers sind diese Passagen deshalb schwierig, weil er unter einem besonderen Handlungsdruck seine analytische Arbeit weiterbetreiben will. In Erstgesprächen kommt die Erwartung an den Analytiker hinzu, als Experte eingreifend, handelnd und richtig zu agieren. Er muss sich trotz der Turbulenzen und dem Erwartungsdruck seine innere Freiheit bewahren, mit dem Material spielen zu können. Sein Ziel ist es nämlich, diese Passage so zu durchfahren, dass eine für den Patienten weiterführende Bewegung entsteht und dass es nicht, um im Bild zu bleiben, zum Schiffbruch kommt. Die diesen Situationen inhärente Möglichkeit des Scheiterns muss anerkannt und sollte ausgehalten werden. Formen des Scheiterns sind das Untergehen im Agieren oder, wenn der durch die Dynamik alarmierte Analytiker sich entschließt, aus seiner doppelten Rolle auszusteigen und ein konventionelles Interview zu führen. Ginge es nur um die Diagnostik, wäre ein Scheitern nicht so tragisch, auch wenn aufschlussreiches Material verlorenginge. Die Auswertung der vorausgegangenen Passage und die durch eine Interviewtechnik gewonnenen Daten können durchaus zu einer Diagnose führen. Der Patient bekäme eine sachgerechte Diagnose und eventuell eine passende Überweisung. Verloren ginge aber die Erfahrung des Patienten mit unbekannten subjektiven Bereichen, mit den modulierenden Effekten durch einen auf besondere Weise Zuhörenden und mögliche emotional untermauerte Einsichten – kurz eine erste Begegnung mit der Methode. Diese Erfahrung ist aber eine unersetzbare Motivierung des Patienten für ein aufdeckendes Verfahren.

Das psychoanalytische Erstgespräch ist demnach an sich eine schwierige Passage aufgrund seiner Einmaligkeit, der erhöhten Übertragungsbereitschaft, der Unsicherheit beider Partner über die anstehende Begegnung, der Ungewissheit auf Seiten des Interviewers, ob ihm eine Diagnoseeinsicht gelingt und aufgrund der Irritation des Patienten in dieser ungewöhnlichen Gesprächssituation. Die Notwendigkeit, nicht nur eine psychoanalytische Diagnose zu erstellen, sondern eine psychoanalytische Therapie anzubahnen und den therapeutischen Impact des Erstgesprächs zu nutzen, verlangt vom Interviewer bereits in dieser Situation die Anwendung der psychoanalytischen Methode.

Die Deutungsarbeit des Analytikers in Erstgesprächen und insbesondere in schwierigen Passagen wird in diesem Buch an einigen Beispielen dargestellt. Ich füge hier ein Beispiel an, in dem keine Deutung ausgesprochen wird. Die Gedankenarbeit der Analytikerin führt dennoch zu einer Neuordnung der Selbstwahrnehmungen der Patientin.

Frau S.

Nach einem Jahr psychoanalytischer Psychotherapie, deren baldige Beendigung bevorstand, rekapituliert die Patientin, was sich in dieser Zeit alles verändert hat. Ihr Selbstwertgefühl ist gestiegen und sie hält nicht mehr nur sich selbst für schuldig und schlecht. Des Weiteren kennt sie nun ihre Traurigkeit über die Behandlung durch ihre Eltern in ihrer Kindheit. Auch damals war sie der Sündenbock und bekam weder konkrete Hilfe in schwierigen Situationen, noch Anerkennung für ihre Leistungen. Sie kann nun hinnehmen, dass diese Eltern sich nicht mehr ändern lassen, dass auch, wenn sie sich weiter demütigt, sie keine besseren Reaktionen bekommen wird. Der Gewinn an Selbstwert ist mit einem Verlust an Hoffnung auf bessere Erfahrungen mit den Eltern und deren Stellvertretern in ihrem Leben verbunden. In diesem ausführlichen Nachdenken über diese Veränderungen kommt sie auf das Erstgespräch in der psychoanalytischen Ambulanz mit einer anderen Psychoanalytikerin zu sprechen. Sie lässt erkennen, dass sie diese beiden Gespräche weiter nicht für bedeutsam hält und dass sie glaubt, sie dienten lediglich dazu, Menschen an den richtigen Therapieplatz zu schicken. Dennoch erinnert sie ihren überwältigenden Eindruck nach dem ersten Gespräch. Sie dachte damals: »Moa, das bin ja *ich,* diese ganzen Sachen habe ich tatsächlich erlebt, das ist eigentlich ganz schön viel und überhaupt habe ich viel ausgehalten.« Davor habe sie das ja auch alles gewusst, aber niemals so mit sich in Verbindung gebracht. Das war eben alles einfach so.

Offenbar hat die Interviewerin damals nicht viel gesagt, jedenfalls erinnert die Patientin nichts Besonderes. Aber die Analytikerin muss ihr gut zugehört haben. Gut zugehört bedeutet hier wohl, dass sie sich sehr zurückgehalten und der Versuchung widerstanden hat, die Patientin zu trösten, ihr Ratschläge zu geben oder sie sonst wie zu beruhigen. Die Szene eines überforderten und schlecht behandelten Wesens, dem man helfen will, hat sich in der Behandlung jedenfalls immer wieder hergestellt. Dagegen hat diese Analytikerin alles angehört, ohne vorschnell in den Gefühlshaushalt der Patientin einzugreifen. So konnte das Unglaubliche, eine wahrhaftig beeindruckende Reihe katastrophaler Erlebnisse, erscheinen und in dieser Aneinanderreihung zum ersten Mal mit der Patientin in einen bedeutsamen Zusammenhang gebracht werden. Durch das ruhige Zuhören und den Verzicht auf Handlung konnten sich die unverbundenen erzählten Ereignisse wie in einem Brennglas in der zuhörenden Analytikerin vereinigen. Zurückgeworfen auf die Patientin, sah diese, die alles verbindende Person, nämlich sich selbst. Dieses Geschehen könnte man abstrakt auch als Deutung bezeichnen, obwohl es von einer sprachlichen Äußerung weit entfernt war. Durch die Einführung einer Person wird das Zerrissene verbunden. Diese »Deutung« jedenfalls gab sich in diesem Fall die Patientin selbst.

III. Kapitel

Die Eingangsszene, ihre Entfaltung und Bearbeitung

In der Eingangsszene des Interviews begegnen sich Analytiker und Patient zum ersten Mal, beginnen sozusagen unbelastet von vorhergehenden Inszenierungen und Bedeutungen ein neues Stück. Diese Neuheit verleiht der Situation nicht nur einen besonderen Akzent, sondern lässt das Ganze noch übersichtlich und damit prägnant erscheinen. Freud hat diese Übersichtlichkeit der Eröffnung mit einem Vergleich aus dem Schachspiel illustriert. Er sagte, »dass nur Eröffnungen und Endspiele eine erschöpfende systematische Darstellung gestatten, während die unübersehbare Mannigfaltigkeit der nach der Eröffnung beginnenden Spiele sich einer solchen versagt« (Freud 1913, S. 454). Der Diagnostiker sollte sich die Gelegenheit einer vollständigen und prägnanten Deutung dieser noch begrenzten Situation nicht entgehen lassen.

Die Eingangsszene eines Erstgesprächs ist eine besonders dichte Inszenierung der unbewussten Persönlichkeit des Patienten. Sie zeigt seinen persönlichen Umgang mit destabilisierenden Beziehungssituationen. Wegner und Henseler konnten mittels der Auswertung von Anfangsszenen durch eine Balintgruppe bestätigen, dass »der Anfangsszene des Erstinterviews eine bedeutende diagnostische Relevanz beizumessen (ist) und zwar nicht nur manchmal, sondern immer, egal wie auffällig oder unauffällig die Anfangsszene sich darstellt« (Wegner & Henseler 1991, S. 214).

Der hohe Erwartungsdruck des Patienten, sein Wissen, dass es jetzt um ihn und seine Probleme gehen wird, die »ungewöhnliche Gesprächssituation« (Argelander 1970a, S. 16), in der sich der Interviewer weitestgehend zurückhält und auf konventionelle ärztliche Eingangsfloskeln oder Überbrückungshilfen verzichtet, lockern die bekannten Abwehr- und Stabilisierungsstrategien und erleichtern eine Gestaltung der Szene nach inneren unbewussten Motiven. Die treibende Kraft für eine solche Darstellung ist das Bestreben des Betreffenden, die verdrängten Wünsche jetzt zu befriedigen und/oder sein narzisstisches Gleichgewicht zu stabilisieren oder wiederherzustellen.[13] Das Produkt dieser Bestrebungen, die Szene, geht auf das Wirken der »szenischen Funktion des Ichs« (Argelander 1970b) zurück. Es handelt sich dabei um eine Fähigkeit, innere, unbewusste Inhalte mit der bewussten sozialen Szenerie in Einklang zu bringen und/oder die äußere Szenerie im Sinne der inneren zu gestalten. Insofern zeigt die eigenwillige Gestaltung der Eingangsszene durch den Patienten dessen Fähigkeit, in schwierigen Situationen sein psychisches Gleichgewicht zu erhalten und in Einklang mit der sozialen Umgebung zu bringen. Die Gestaltung ist somit ein diagnostisches Indiz für die Ich-Fähigkeiten und die innere Stabilität des Patienten. Gerade in der Eingangsszene kann diese Fähigkeit überfordert sein und eine brüchige Inszenierung zur Folge haben. Solche »Ausrutscher« sind die bekannten Versprecher, aber auch andere Fehlleistungen. Wenn der Patient z. B. die Klingel nicht findet, den Termin vergisst oder eine Stunde zu früh kommt, handelt es sich um Fehlleistungen, die eine starke konflikthafte Bedeutung des Erstgesprächs anzeigen.

Neben solch klar umgrenzten Ereignissen existiert eine ganze Palette von Phänomenen der Überforderung, die mehr oder weniger gut in die Szene integriert sind. Die Unterscheidung als Fehlleistung oder als Besonderheit der Inszenierung durch diesen Patienten ist nicht eindeutig. Sie erscheinen dem Interviewer als Auffälligkeiten und als aus der Situation heraus nicht zu verstehende Verhaltensweisen. Wenn der Patient z. B. unentwegt weint, wenn er sich nicht setzen kann, früher abbricht u. ä., ist vermutlich seine szenische Fähigkeit überfordert und ein stereotypes und zwingendes Verhalten, das nicht gut in die ganze Szenerie des Erstgesprächs passt, setzt sich durch. An diesen Stellen zeigt der Patient eine starke innere Beteiligung, die alle Konzessionen an die äußere Szenerie wegwischt. Solche Verhaltensweisen sind in der Szene wirksame Symptome, die natürlich eine diagnostische Bedeutung haben. Wegen dieser, sich auf diese Weise manifestierender Probleme kommt der Patient oft überhaupt zum Psychotherapeuten. Für den Diagnostiker lässt sich beides – die Persönlichkeit, die sich in der Inszenierung manifestiert, und die Konflikte, die sich in

13 Die enorme Verdichtung in den ersten Minuten eines Erstgesprächs zeigt ein Beispiel, in dem sich zwischen dem noch vor der Tür stehenden Patienten und dem öffnenden Analytiker eine zentrale Konfliktdynamik des Patienten ereignet (Fliri 2010).

Brüchen zeigen – nicht völlig trennen, da die Einschätzung der Bedeutung konfliktbeladener Bereiche nur auf dem Hintergrund der unbewussten Persönlichkeit gelingt. So kann z. B. eine narzisstische Kränkung erst auf dem Hintergrund einer charakterlich verankerten Selbstwertproblematik in ihrer ganzen Bedeutung erfasst werden.

Um dem Patienten eine eigenwillige Gestaltung zu erleichtern, gibt der Analytiker ihm einen möglichst großen Spielraum, indem er ihm Zeit, einen besonderen Raum und eine durch Zurückhaltung geprägte Aufmerksamkeit entgegenbringt. Dieser vom Analytiker vorgegebene Rahmen ist der Hintergrund bzw. die Bühne, vor dem oder auf der sich die Szene entfalten soll.[14]

Der Interviewer muss einen bestimmten Zeitraum zur Verfügung stellen, in dem er ungestört und aufmerksam ist. Das sind in der Regel 50 Minuten, ein Zeitraum, der sich für die Entfaltung eines Prozesses auf der einen Seite und für die Notwendigkeit der Aufrechterhaltung einer teilnehmenden Distanz auf der anderen als geeignet erwiesen hat. Dieser Zeitrahmen wird dem Patienten zu Anfang mitgeteilt. Der Raum soll Ruhe ausstrahlen, angenehm aber nicht aufdringlich sein. Die Haltung des Interviewers ist aufgeschlossen, ernst, neugierig, ermutigend, aber auch zurückhaltend. Er unterlässt konkrete Ratschläge oder Handlungen. Eckstaedt (1991) vergleicht den Rahmen des Interviews mit dem Environment in der Kunst:

> Er (der Rahmen, A. L.) ist vergleichbar einem in die Landschaft gesetzten Rahmen. Dieser so gesetzte Rahmen greift aus der Landschaft einen zunächst beliebigen Ausschnitt heraus. Doch durch den Rahmen erfährt die herausgegriffene Landschaft eine Betonung, in der sie gleichzeitig für die übrige Landschaft steht. (ebd., S. 35)

Die Gesamtheit des Rahmens – Zeit, Raum, Haltung – würdigt, dass sich der Patient zu einem entscheidenden Schritt in seinem Leben entschlossen hat. Die zeitliche und damit inhaltliche Begrenztheit des Erstinterviews bei gleichzeitig hohen Ansprüchen an den Interviewer, etwas in kurzer Zeit zu verstehen, und die hohen Erwartungen des Patienten, jetzt sein Problem

---

14 Eine ausführliche Würdigung des Settings und seiner Implikationen findet sich bei Eckstaedt 1991, S. 34ff.

darzustellen und verstanden zu werden, verleihen ihm eine besondere Bedeutung, akzentuieren quasi *diese* Begegnung im Lebenslauf des Patienten und im psychoanalytischen/psychotherapeutischen Alltag des Analytikers. Es ist eine einmalige, begrenzte Begegnung, die dem Leben des Patienten eine Wende geben soll. Patienten drücken diese existentielle Bedeutung des Erstgesprächs z. B. so aus: »Ich denke schon seit Jahren an Psychoanalyse, habe aber bisher das Gespräch immer wieder aufgeschoben oder in den Hintergrund gedrängt.« Oder: »Seit dieser Trennung damals, lebe ich nicht mehr richtig, etwas in mir ist abgestorben, ich bin eine Hülle, die funktioniert. Das möchte ich ändern. Wieso kann ich auf kein Werben mehr eingehen, obwohl ich mir so sehr eine Beziehung wünsche?« Mit dieser Motivation und in diesem Rahmen wird der Patient sich nicht nur mitteilen und aussprechen, sondern auch seine Persönlichkeitsstörung preisgeben (vgl. Argelander 1970a, S. 36).

In der Eingangsszene eines Interviews also zeigt der Patient seine Fähigkeit, mit den Vorgaben, zu denen auch der Interviewer, aber auch sämtliche in der Situation vorhandenen »Requisiten« gehören, eine Inszenierung seiner unbewussten Persönlichkeitsanteile und seiner derzeit virulenten unbewussten Probleme herzustellen.

Einige Beispiele sollen die diagnostische Potenz der Eingangsszene eines Erstgesprächs verdeutlichen.

Frau Sch.

Ich höre schon vor dem Beginn des Erstgesprächs auf dem Gang eine laute Stimme und erfahre, als ich am Sekretariat vorbei zum Wartezimmer gehe, dass die Patientin schon im Sekretariat war, um zu erfragen, in welches Zimmer sie gehen müsste. Die Grimasse, die die Sekretärin dabei schneidet, ist nur so zu deuten, dass es sich um eine unangenehme, aufdringliche Person handeln muss, die kaum dazu zu bewegen ist, einfach zu warten.

Schließlich begrüße ich eine ca. 45-jährige mittelgroße, gut angezogene, resolute Frau. Sie folgt mir in das Behandlungszimmer und beginnt zu reden, noch bevor ich ihr den Zeitrahmen erklären kann, als ob sie es eilig hätte oder die Zeit knapp bemessen sei. Sie redet ziemlich laut und viel, so dass ich auch weiterhin nicht zu Wort komme, aber auch keinen rechten Gedanken fassen kann.

Diese Patientin benutzt den vorgegebenen Rahmen, um etwas Dringliches, ja Aufdringliches darzustellen. Sie zeigt, dass sie nicht abwarten kann, dass sie unter Zeitnot handelt, weshalb sie dem Gegenüber keinen Spielraum lassen kann. Ihre laute Stimme scheint diesen Umstand zu unterstreichen. Sie möchte nicht unterbrochen werden. Eine typische innere Reaktion auf dieses Verhalten zeigt die Sekretärin mit ihrer zurückweisenden Grimasse. Diese Verhaltensweise der Patientin drückt etwas Spezifisches für diese Frau aus, und man beginnt sich zu fragen, warum sie so handelt.

Der weitere Verlauf dieser Szene wird im folgenden Kapitel dargestellt. An dieser Stelle soll die Vignette die charakterspezifische Verwendung des Rahmens, vor allen verbal geäußerten Problemen, veranschaulichen.

Der Jurist

> Ein Herr, Anfang 60, Jurist in hoher Staatsstellung, kam, um in familiären Angelegenheiten Rat und Hilfe zu erlangen. Der Mann war trotz der bestehenden sommerlichen Hitze äußerst korrekt, beinahe feierlich gekleidet. Er schilderte zunächst den Grund seines Kommens und hatte sein »Referat« gründlich vorbereitet. Zudem benutzte er eine Art von Akte, um sich über die psychologischen Zusammenhänge gänzlich unbedeutsamer Daten exakt zu informieren und eventuell vorher Gesagtes zu korrigieren. Er wunderte sich etwas, dass der Interviewer für mitgebrachte Schriftstücke so wenig Interesse zeigte. (Schraml, 1968, zit. in: Argelander 1970a, S. 18)

Dieser Mann benutzt den Rahmen, um eine Art Geschäftssitzung zu inszenieren, in der er – trotz Hitze und psychologischer, nicht juristischer Zusammenhänge – den Ton angibt. Damit zeigt er sein Bemühen in allen Situationen, nicht nur in juristischen, die Kontrolle zu bewahren, nichts zu vergessen, auszulassen oder unkorrigiert zu lassen. Seine Verwunderung über das Desinteresse des Interviewers zeigt, wie ich-synton dieses Verhalten ihm geworden ist.

Frau B.

Am Telefon meldet sich eine Frau mit leidender Stimme. Sie habe Probleme und sei von ihrem Arzt an mich verwiesen worden. In ihrer Rede ist etwas, das mich daran hindert, genauer nach ihren Problemen zu fragen, wie ich es üblicherweise tue. Meine Unkenntnis ihrer Probleme führt zu einem besonderen Auftakt. Im Wartezimmer empfange ich eine leidende, vorwurfsvoll ausschauende, aber beherrschte ca. 50-jährige Frau. Ich sehe, dass ihr Bein verbunden ist und sie vermutlich hinkt. Mir ist sofort klar, dass für diese Patientin die drei Stockwerke zu meiner Praxis eine Plage waren. Der vorhandene Aufzug funktioniert nur mit einem Spezialschlüssel. Hätte ich von ihren Beschwerden gewusst, hätte ich sie mit dem Aufzug abgeholt und ihr wäre dieser beschwerliche Aufstieg erspart geblieben. Ihr vorwurfsvoller Blick löst bei mir einerseits Schuldgefühle, aber auch eine gewisse Abneigung gegen diese Frau aus. Meine Schuldgefühle sind so groß, dass ich meine Betroffenheit äußere und ihr sage, dass ich, hätte ich von ihren Gehproblemen gewusst, sie mit dem Aufzug abgeholt hätte. Sie wehrt sofort ab, das sei nicht nötig, sie käme schon zurecht, nimmt ihren Stock und schleppt sich mühsam, aber aufrecht in das Behandlungszimmer, wo sie Platz nimmt. Jetzt sitze ich ihr gegenüber und frage mich, wie ich einer Frau, die keine Hilfe braucht, helfen soll. Offenbar ist sie verletzt, will aber alleine zurechtkommen.

Diese Patientin benutzt den Rahmen – in diesem Fall sieht man besonders deutlich, dass die Interviewerin auch zu den Vorgaben zählt, die in die Szene einbezogen werden –, um sich als eine leidgeprüfte Frau darzustellen, die aber deshalb Andere nicht belästigt oder Hilfestellung möchte. Dass sie dennoch einen Wunsch nach Hilfe hat oder hatte, zeigt sich nur versteckt in ihrer Art, Schuldgefühle beim Gegenüber auszulösen. Man wird darauf hingewiesen, dass man hätte helfen müssen, dass es dazu aber jetzt zu spät ist und dass die Patientin sich deshalb notgedrungen darauf eingestellt hat, zu leiden und ohne Hilfe auszukommen.

Nimmt man noch den besonderen Rahmenanteil des »Hinaufkommens« und des Geschlechts der beiden Akteurinnen hinzu, so stellt sich die Szene noch spezifischer dar. Eine verletzte Frau steigt zu einer anderen, von der Hilfe zu erwarten wäre, mühsam hinauf.

Der Fortgang der Interviews wird im nächsten Kapitel dargestellt.

IV. Kapitel

Die fortschreitende Entwicklung des Dramas – Ein Stück für zwei Personen

Nach der weitgehend averbalen Eingangsszene folgen nun der Gesprächsauftakt und dessen dialogischer Fortgang. In den nachfolgenden 50 Minuten entfaltet und differenziert sich das zu Anfang szenisch angeschnittene Thema innerhalb dieser Analytiker-Patient-Beziehung. Weiterhin bestimmt der Patient den Gesprächsverlauf, jedoch beginnt der Analytiker mit einer Eigenaktivität, der Umsetzung der psychoanalytischen Methode in Form von Interventionen. Da diese sich auf die latente Szene und die unbewussten Bedeutungsgehalte konzentrieren, unterbricht er damit nicht den Verlauf der Szene, sondern gibt ihr neue Wendungen, hilft sie zu differenzieren, neue Motive aufzudecken etc.[15]

In vielen Fällen beginnen die Patienten selbst zu reden. Manchmal wird der Interviewer durch das Verhalten des Patienten gezwungen, ihn zu einem Beginn aufzufordern. Dies geschieht mit Worten wie: »Was führt Sie hierher?« Oder: »So, jetzt haben wir 50 Minuten Zeit.« Der szenischen Ausrichtung des psychoanalytischen Erstgesprächs entspricht es, dass es keine regelhafte Einleitung geben kann, sondern dass jede Einleitung bereits eine Bedeutung aus der längst aufgenommenen Inszenierung bekommt. Je nachdem wie schnell der Interviewer sich in die Szene einfügt, umso spezifischer wird, sofern er ihn selbst unternimmt, sein sprachlicher Auftakt sein.

15 Wie der Analytiker denkt und interveniert, wurde ausführlicher im Kapitel über die Anwendung der psychoanalytischen Methode im Erstgespräch und wird im Kapitel über die Interventionen im Erstgespräch behandelt. Es sei hier schon darauf hingewiesen, dass die Arbeit des Erstinterviewers, sofern er ein psychoanalytisches Interview durchführt, sich in nichts von der des Psychoanalytikers unterscheidet.

Frau Sch.

Wie gesagt, musste und konnte Frau Sch. nicht aufgefordert werden, sie begann von selbst wie unter Zeitdruck zu reden.

Frau Sch. sieht ihre Probleme im Zusammenhang mit ihrer Ehe. Sie glaubt, sie müsse diese beenden, weil ihr Mann eigentlich gar nicht mehr für sie da sei. Er ginge morgens aus dem Haus und käme abends spät oder oft auch gar nicht zurück, denn er müsse von Berufs wegen oft verreisen. Wenn er Zeit habe, versuche sie, ihn zu einem Gespräch oder einfach zu einem gemütlichen Kaffetrinken zu bewegen, aber das klappe meistens nicht. Ihr Mann sei ein Workaholic. Immer habe er etwas zu tun, selbst im Urlaub könne er keine Minute still sitzen, sei immer mit einer Sportart zugange. Wenn zu Hause nichts zu tun sei, ginge er an seine Fitnessgeräte. Sie weint etwas, und ich spüre, wie verzweifelt die Patientin ist. Das ginge jetzt schon lange so, und nun müsse sie sehen, wo sie selbst bliebe. Deshalb arbeite sie jetzt wieder in ihrem alten Beruf als Kosmetikerin und zwar als Vertreterin von kosmetischen Produkten bei einer großen Firma. Sie besuche mögliche Kundinnen zu Hause. Sie habe aber deshalb auch Schuldgefühle der Familie (sie hat drei Kinder) gegenüber und beklagt, dass ihr Mann sie kaum unterstütze.

Während ich zuhöre, bemerke ich meine eigenartige Rolle in dieser Szene. Ich komme kaum zu Wort, es entsteht keine Denkpause, es ist laut und die Ratsuchende ist immer schon beim Nächsten. Ich kann mir gar nicht vorstellen, wie diese Frau in Ruhe Kaffee trinkt und – wie sie es sich wünscht – über ein gelesenes Buch spricht. Gleichzeitig empfinde ich einen starken Druck, etwas zur Lösung dieses gordischen Knotens beitragen zu müssen. Mir fällt ihr Beruf ein, bei dem sie als Vertreterin den Kundinnen etwas »aufdrängt«. Ich fühle mich in etwa so wie eine potentielle Kundin – von einem Wortschwall erschlagen und unter Druck gesetzt –, jedoch ohne zu wissen, was ich denn kaufen soll, damit die Ratsuchende zufrieden ist. Sie benimmt sich mir wie ihrem Mann gegenüber, nämlich als Vertreterin mit dem Gefühl, ihr Kunde will nichts, er erkennt die Qualität des Produktes nicht. Das geht mir durch den Kopf, während die Patientin weiterredet.

Betroffen schildert sie inzwischen eine Episode: Sie musste, da sie keinen Parkplatz finden konnte, eine Viertelstunde zu Fuß zu einer Kundin gehen, nur um zu erfahren, dass diese jetzt keine Zeit habe. Die ganze

Anstrengung war umsonst. »Ja, es war genauso wie mit ihrem Mann, die ganze Anstrengung, ihm zu erklären, wie gut es wäre, Zeit zu haben, war umsonst. Keiner scheint einzusehen, wie wichtig das ist, was sie anzubieten haben.« Sie schaut mich irritiert an, stockt und erklärt dann ausführlich, dass es doch von Wert sei, wenn man wisse, was im Anderen vorgeht, wenn man sich mal ausspreche und seine Probleme diskutiere. Auch ihre Mutter sei nie auf sie eingegangen. Sie selbst habe immer schon mal ein Familienfest arrangieren oder mit der Mutter über deren Probleme reden wollen, alles sei gescheitert, und letztendlich werde sie nur kritisiert. Wenn sie, die sich immer um alles gekümmert habe, jetzt z. B. einmal selbst Hilfe brauche, dann sei sie allein. Keiner sei da, ihr zu helfen. Ihr Mann sage dann, »du musst alles besser organisieren« etc. Ihre Eltern haben ein Geschäft betrieben, und es sei nie Zeit gewesen. Immer hieß es »das Geschäft, das Geschäft…« »Ja, jetzt kann ich mir vorstellen, wie es Ihnen überall ergeht. Sie kommen sich vor wie das kleine Mädchen, das nur durch große Anstrengung und großen Druck und Ausdauer erreichen kann, dass die Mutter einen Moment Zeit hat. Jetzt verstehe ich auch, warum Sie so wenig Vertrauen darin hatten, dass Sie Ihren Termin wirklich bekommen, auch ohne Anstrengung, oder warum Sie sich so beeilen, als ob die Zeit ganz knapp bemessen wäre. Es muss Ihnen so vorkommen, als ob es Ihnen nur mit großer Mühe gelungen wäre, etwas Zeit von mir zu bekommen angesichts der vielen anderen ›Geschäfte‹, die ich habe.« Tatsächlich geschieht eine Veränderung. Es entsteht eine Pause, sie wirkt betroffen, staunt und stimmt mir zögernd zu. Es sei ja tatsächlich immer so: zu Hause mit ihrem Mann, früher mit der Mutter und ja eigentlich auch und gerade in ihrem Beruf. Sie schweigt. Nach einiger Zeit überlegt die Patientin, warum sie eigentlich dieses Arbeitsangebot angenommen hat, obwohl sie viel lieber ihren Beruf direkt als Kosmetikerin ausüben würde. Etwas sehr Wesentliches kann ebenfalls noch zur Sprache kommen: Ihre Mutter sei todkrank und könne nicht mehr lange leben. Dies, so vermute ich, war der eigentliche Anlass, jetzt psychotherapeutische Hilfe zu suchen.

Die Qualität der Abschiedsszene ist ganz anders als die hektische Eingangsszene. Die Patientin wirkt wie mit sich selbst beschäftigt und verabschiedet sich geistesabwesend, nachdem ein weiterer Termin vereinbart worden war.

Die in der Eingangsszene plastisch dargestellte, aber unverständliche Zeitdrucksituation, die in ihr enthaltene Hektik und Gedankenlosigkeit, wird von der Patientin in ihrer Ehe gesehen und geschildert. Die Interviewerin bezieht diese Eheszene in Gedanken auf die Szene im Hier und Jetzt und stellt fest, dass sich die Patientin verhält, als ob sie sie mit ihrem Mann verwechseln würde: eilig, als wolle sie, bevor dieser sich wieder einer anderen Tätigkeit widmet, etwas anbringen.

Die Sicht der Patientin als Vertreterin spezifiziert die Situation: Sie ist immer und überall als Vertreterin unterwegs und zwar, wie es die Patientin in verschiedenen Szenen darstellt, erfolglos. Das Verständnis der Therapeutin für die abgewiesene Vertreterin, die wieder nichts verkauft hat, veranlasst die Patientin zu einer früheren wichtigen Beziehung zu ihrer Mutter überzugehen, wo sie ihr erfolgloses Vertreterdasein ebenso erkennt. Das Verhalten der Interviewerin bedeutet innerhalb der Vertreterszene, dass sie sich wie eine interessierte Kundin Zeit nimmt und sich etwas vorführen lässt.

Das kleine Mädchen, das die Mutter zu erreichen versucht, wird unmittelbar in die aktuelle Szene eingeführt und besagt, dass sich die Patientin hier wie das kleine Mädchen, das sie einst war, verhält und auf dieselbe Weise wie damals die Mutter zu erreichen versucht. Das Schweigen signalisiert, dass sich die Szene verändert hat. Die Kundin/Mutter/Therapeutin interessiert sich für das Angebot, ebenso scheint die Vertreterin/Mädchen/Patientin zum ersten Mal sich selbst wirklich wahrzunehmen: Sie, wie sie überall und gerade jetzt wieder in ihrem Beruf diese unglückliche Vertreterrolle einnimmt. Das war es wohl, was die Patientin als Vertreterin in eigener Sache gesehen und angenommen haben wollte. So gesehen hat sich im Erstgespräch eine erfolgreiche Vorführungsveranstaltung entwickelt.

Nun konnte das Produkt in Ruhe geprüft werden und zwar, so kam es mir vor, das, das sich die Patientin hatte aufdrängen lassen: der Job und die getriebene Geschäftsfrau, mit der sie sich identifiziert hat. Sie hat die Art und Weise, wie die Mutter etwas zu erreichen versuchte, übernommen und versucht, ihre Wünsche nach Nähe und Ruhe mit Geschäftsmethoden durchzusetzen. Zugleich bedeutet Identifikation auch eine Nähe zur Mutter, nach dem Motto, was ich nicht bekommen/lieben kann, dem werde ich ähnlich. So entsteht diese unlösbare Kreisbewegung zwischen dem Versuch, diese innere Mutter durch Projektion loszuwerden (Ehemann) und dem gleichzeitigen Wunsch nach Nähe und Ruhe, der aufgrund der angewandten mütterlichen Methode (Druck, Hektik) nicht in Erfüllung gehen kann. Die bevorstehende endgültige Trennung von der Mutter hat vermutlich diese ungelöste Beziehung erneut dramatisiert.

Frau B.

Auch hier ist ein besonderer sprachlicher Auftakt durch die Interviewerin nicht nötig. Die Patientin hat, bis es zur sprachlichen Beziehung kommt, schon längst deutlich gemacht, dass sie keine Hilfe (weder Aufstiegs- noch Einstiegshilfen) braucht und selbst zurechtkommt. Wie schon gesagt, fühlte ich mich hilflos und überflüssig und hatte ein leicht ablehnendes Gefühl gegenüber dieser vorwurfsvollen und nicht erreichbaren Frau. Es schien ihr darum zu gehen, ein großes Leiden zu schildern, an dem ich mich irgendwie schuldig fühlen sollte. In dieser Lage und Stimmung hörte ich ihr zu: Sie spricht zunächst von ihren aktuellen Beschwerden, den Schlafstörungen, den Depressionen und den Schmerzen, die sie seit einigen Monaten habe. Nach ihrem 50. Geburtstag habe sie ein Jahr Urlaub genommen – sie bekleidete eine kreative, gute Stelle in einer bekannten Werbeagentur – und sei nach Paris gegangen, um dort an einer künstlerisch-psychologischen Fortbildung teilzunehmen. Als sie zurückkam, war ihre angestammte Position in der Firma besetzt, und sie sei auf einen anderen Posten versetzt worden, dem sie nicht gewachsen gewesen sei. Sie schildert ihr Scheitern zwiespältig, einerseits sei sie überfordert gewesen, andererseits sei ihr besonderer Stil dort nicht anerkannt worden. Es bleibt unklar, ob sie die Vorgänge als eigenes Versagen oder als eine Unfähigkeit der Anderen, ihre Qualitäten zu erkennen, ansieht. Auf ihre alte Stelle könne sie auch deshalb nicht zurück, weil in diesem Bereich nun eine andere kreative Konzeption entwickelt und verwirklicht worden wäre. Sie fühle sich von ihrem Chef abgeschoben und habe ihm deshalb die Arbeit zurückgelegt. Sie sei gekränkt und enttäuscht, dass sie ihre alte Stellung nicht wiederhaben könne. Um mir ihre Lage und die erfolgten Änderungen einsehbar zu machen, teilt mir die Patientin ihre eigene Einstellung zur Werbung mit und verdeutlicht sie an Beispielen. Dabei verändert sich mein inneres Bild von ihr. Sie erscheint mir jetzt, im Zusammenhang mit ihrem Berufsleben, als eine kompetente und interessante Person. Sie ist in meinen Augen von einer klagenden zu einer Frau geworden, die etwas zu bieten hat. Ich selbst bin eine interessierte Zuhörerin, weniger eine Helferin geworden. Ich denke, wie leichtsinnig es von dieser Frau ist, mit 50 Jahren in dieser Branche, in der es konkurrierend und schnelllebig zugeht, ein Jahr auszusteigen. Zumal sie den Eindruck erweckt, dass sie von der Entwicklung nach einem Jahr völlig überrascht ist und nicht etwa bewusst, zugunsten ihrer persönlichen Entwicklung, ein Risiko auf sich genommen hat. Mir kommt es vor, als sei die Patientin nicht risikofreudig, sondern eher Risiken verleugnend. Das Risiko bei ihrem Ausstieg, so denke ich, war auch mit ihrem Alter verbunden. Ein Neuanfang ist mit 50 nicht mehr so leicht. Das andere Risiko ist der Arbeitsplatz selbst, der nicht eben eine Beamtenstelle zu sein scheint, sondern eine auf Output und Erfolg ausgerichtete Position, aus der man leicht hinausfällt. Mir kommt es vor, als ob die Patientin mit ihrem Ausstieg ihre Unverletzbarkeit und Unabhängigkeit demonstrieren wollte. Ihre Kühnheit, die geschilderten früheren Arbeiten in ihrer Firma und die Fortbildung in Paris rufen aber auch Bewunderung hervor. Ihr weiterer Bericht zeigt, dass sich ihr Konflikt auf die Auseinandersetzung mit ihrem Chef, den sie für ihre unglückliche Situation verantwortlich macht, konzentriert. Er biete ihr immer andere Arbeiten an, die sie unangemessen finde und ablehne. Jetzt sei sie krankgeschrieben, weil sie diese Knieoperation hatte. Sie hatte schon geraume Zeit Schmerzen, Arthrose, und habe das jetzt operieren lassen. Die Heilung dauere aber sehr lang und vielleicht sei eine weitere Operation nötig. An dieser Stelle verändert sich die Patientin in meinen Augen wieder. War sie eben noch eine eher kühne Frau, so wird sie jetzt wieder weinerlich und anklagend. In mir entsteht das Bild einer unbrauchbaren Frau. Ich kann mir vorstellen, wie der Chef es bald aufgeben wird, für sie eine Arbeit zu finden. Ich wundere mich, dass die Patientin ausgerechnet jetzt, wo sie alle Kräfte für ihren beruflichen Weg bräuchte, eine sie schwächende Operation in Kauf nimmt, die keine dringend notwendige Angelegenheit gewesen zu sein scheint. Wieder scheint die Patientin ihre momentane schwierige Situation nicht wahrhaben zu wollen und leistet sich stattdessen eine weitere Extravaganz: Sie besteht auf der Entfernung und völligen Reparatur einer Abnutzungserscheinung. Auch hier fehlt die Auseinandersetzung mit und Anerkennung von Alter und eigenen Schwächen.

Sie könne dort nicht mehr arbeiten und suche deshalb nach einer Möglichkeit, sich aus dieser Stelle zu entfernen, vielleicht mit Hilfe einer

Frühpensionierung. Als ich sie frage, ob es nicht deprimierend sei, so früh und mit ihren Fähigkeiten pensioniert zu werden, antwortet sie – wie schon einmal in der Eingangsszene –, das sei überhaupt kein Problem, sie habe genug private Interessen. Diese Antwort bestätigt meine Vermutung, dass diese Frau sich unverletzbar darstellen möchte. Dazu ist es aber auch nötig, ohne Bedauern auf die »Frau mit Ihren Fähigkeiten« zu verzichten. Ich fühle mich wieder zurückgewiesen mit meinem Angebot, ihr in einer eher traurigen Situation beizustehen und ihre Fähigkeiten zu honorieren. Jedoch erlebe ich mich jetzt nicht mehr schuldig, sondern deutlich überflüssig und abgewiesen. Meine nun folgende Frage nach ihren privaten Beziehungen ist der Versuch einer abgewiesenen Frau, eine Schwachstelle an dieser unverletzbaren Person zu finden. Die Patientin schmettert erwartungsgemäß diesen Versuch ab: im Privatleben sei alles bestens. Offenbar reizt diese Patientin dazu, bei ihr Schwächen zu finden, um die Unberührbarkeit zu durchdringen. Die Patientin wird vermutlich häufig Angriffen auf ihre unverletzbare Fassade ausgesetzt sein. Ich drücke ein wenig meine Verwunderung über ihr Urlaubsjahr aus und bin überrascht, wie leicht die Patientin darauf eingeht. Sie spricht von Ihrem »kopflosen« Urlaubsjahr und ihrer »dummen« Art, Kritik zu äußern, die in ihrem Leben schon oft zu Einbrüchen geführt hätte. Sie sei nämlich mit der ganzen Art der neueren Werbekonzeptionen nicht einverstanden gewesen. Diese würden immer platter und inhaltsleerer. Sie entsprächen nicht ihrer Vorstellung von Werbekonzepten. In ihrem Bereich sei es ihr gerade noch gelungen, eine qualitativ gute Werbestrategie durchzuhalten, um sie herum habe sich aber diese Marktschreierei ausgebreitet. »Dann wollten Sie mit ihrem Urlaubsjahr ihren Unmut über diesen Betrieb ausdrücken und gleichzeitig ihre Unabhängigkeit und Angstfreiheit demonstrieren?!« Ja, da falle ihr eine Episode aus ihren beruflichen Anfängen ein, wo sie auch so eine »dumme« Art der Kritik und Unabhängigkeit angebracht hätte. Sie habe als junge Germanistin eine Stelle bei einer guten Tageszeitung als Journalistin gehabt. Nach einiger Zeit habe sie ihr Chefredakteur gefragt, wie es ihr denn so ginge. Sie habe geantwortet: »Wie soll es mir denn schon gehen, wenn alle interessanten Berichte ihrer Frau zugeschanzt werden!« Ihr Vertrag wurde nicht verlängert. Da ihrer Karriere als Journalistin dadurch ein Ende gesetzt war, geriet sie in die Werbebranche. Sie betont, dass sie es nicht bereue und die Werbung ihr ganz gut gefiele, nur diese neuen Entwicklungen nicht. »Sie sind sehr stolz und kompromisslos. So wie Sie auch jetzt ihre alte ideale Stelle wollen oder gar keine. Wahrscheinlich ein unmögliches Begehren.« Ja schon, aber sie könne sich einfach nicht mit den angebotenen Arbeiten einlassen, die eine nutze ihre Talente nicht, die andere sei zu nieder. Sie wirkt zum ersten Mal in diesem Gespräch niedergeschlagen, unglücklich und Hilfe suchend. Allerdings habe ich jetzt das Gefühl, ich müsste die Verhältnisse ändern, ihr ihre alte Stellung wiederbeschaffen können. Mir kommt es so vor, als müsste ich die Frau des Chefs sein, um Einfluss auf diese Verhältnisse nehmen zu können, und sage: »Und ich kann Ihnen nur wieder anbieten, sich mit ihrer inneren Einstellung zu diesen Verhältnissen auseinanderzusetzen, was Sie vielleicht als einen unerträglichen Kompromiss oder gar Unterwerfung erleben?!« »Hm«, sagt sie und bleibt nachdenklich und zurückhaltend.

Ich biete ihr ein zweites Gespräch an, das sie annimmt, aber telefonisch wieder verschiebt, um vorher ihr Bein in einer Spezialklinik zu kurieren.

Die Szene stellt einen angestrengten Versuch dar, eine produktive Beziehung zwischen zwei Frauen herzustellen. Zunächst erscheint eine hilfsbedürftige Frau, die betont, dass sie es unglücklicherweise gewohnt ist, alleine zurechtzukommen, auch wenn es weh tut. An dieser Selbständigkeit hält sie im Leben wie in diesem Gespräch fest und opfert dafür eine mögliche Hilfe, ihre Entwicklung, ihren Beruf und ihre Fähigkeiten.

Im Laufe des Erstgesprächs macht sie eine bemerkenswerte Entwicklung in den Augen der Interviewerin durch. Sie ist zunächst hilfsbedürftig, aber trotzig ablehnend und anklagend. Danach erscheint eine kompetente und interessante Frau, die aber, als sie gesehen wird, sofort verschwindet und wieder einer bösen, kranken und ablehnenden Person Platz macht. Man könnte glauben, dass sich in dieser szenischen Sequenz eine Lebensgeschichte wiederholt: Eine junge Frau, die sich ohne Hilfe und Unterstützung und trotz Schmerzen an den Aufstieg macht und dabei eine beachtliche Höhe erreicht. Vorübergehend kann sie diese kompetente und interessante Frau sein. Aus einer Enttäuschung heraus opfert sie das Erreichte und macht sich unangreifbar durch Fühllosigkeit. Die Enttäuschung hat etwas mit dem Verlust ihres Platzes zu tun und der Zurücksetzung hinter »die Frau des Chefs«. Anstatt sich mit diesen Verhältnissen zu konfrontieren und eine Lösung für sich zu finden, zieht sie sich anklagend zurück und erzwingt eine Anerkennung ihres Handicaps und eine unbegrenzte finanzielle Unterstützung (Pensionierung).

Stellt man die Szene in einen familiären Kontext, so entsteht folgendes Bild: Die Mutter/Analytikerin, die beim Aufstieg helfen sollte, versagt. Die Patientin kann diesen Schmerz aber verwinden und beginnt trotzdem ihren Aufstieg, ihre Entwicklung. Oben angekommen trifft sie aber wieder auf die Mutter, die Frau des Chefs/Vaters, die bevorzugt wird. Der Chef/Vater ist nicht bereit, ihr die Stellung seiner Frau zu geben. Dieser Platz ist besetzt. In den Augen der Patientin ist diese Situation aber keine Notwendigkeit, sondern sie verknüpft diese Tatsache ursächlich mit einer Eigenaktivität. Entweder liege es daran, dass sie ihre Kritik »dumm« geäußert hat, oder daran, dass sie ihren Posten ein Jahr »kopflos« verlassen hat. So verleugnet sie die ödipale Realität. Im Hier und Jetzt der Szene erscheint nur die Mutter, die ihr von Anfang an etwas versagt hat und auf die die Patientin immer wieder trifft. Ihr gelten die Vorwürfe, die Anklage, die Weigerung, sich mit ihr auszusöhnen und ihre Hilfe anzunehmen. Neid und Ablehnung bestimmen diese Beziehung.

Der einzige positive Kontakt im Gespräch entsteht, als die Interviewerin ihre Verwunderung über ihr Urlaubsjahr ausdrückt. In diesem Moment scheint sie aus der Mutterübertragung entlassen. Die Patientin versteht die Bemerkung so, wie es ihrer inneren Version entspricht: Sie hat etwas »dumm«, falsch, ungeschickt angestellt, sonst hätte sie jetzt die Position, die sie haben wollte. Darüber kann sie reden, denn diese Annahme schließt das Unakzeptable, die unabänderliche ödipale Situation aus. In ihrer Version liegt die Ursache für ihre Position im ödipalen Dreieck bei ihr selbst.

Eine weitere Besonderheit im Leben dieser Patientin wird ebenfalls im Erstgespräch szenisch dargestellt: die einseitige Betonung der Leistungs- und Berufsseite, denn die schmerzlichen Erfahrungen der Patientin sind im Beziehungs- und Gefühlsbereich zu vermuten. Das Hinken der Patientin stellt die einseitige Belastung körperlich dar. Ihr eines Bein (Leistung) ist aufgrund einer chronischen Überlastung geschädigt (Arthrose) und funktioniert nicht mehr so wie früher. Die jetzt herrschenden beruflichen Probleme machen die für sie übliche Kompensation eines Schmerzes im anderen Bein, das den Beziehungs- und Gefühlsbereich darstellt, unmöglich. Sie ist demnach wieder auf die Schmerzen im Gefühls- und Beziehungsbereich zurückgeworfen, denn sie hat offenbar angesichts einer schwierigen

Beziehung zur Mutter auf die Entfaltung ihrer Gefühlsseite verzichtet und sich ganz auf die Leistung gestützt. Jedoch konnte sie sich nie ganz mit dieser Konsequenz abfinden. In ihren Abbrüchen wird deutlich, dass etwas in ihr sich immer wieder gegen diese Verhältnisse auflehnt, der Neid und Hass die Oberhand gewinnen und sie gerade gegen ihre Fähigkeit im Leistungsbereich aggressiv vorgeht. So schädigt sie unter dem Vorwand, es zu reparieren, ein Bein, weil sie es dafür verantwortlich macht, ihr diesen Ausweg ermöglicht zu haben, den sie vielleicht gar nicht wollte.

Diese ganze innere Problematik stellt die Patientin in der Eingangsszene dar. Sie macht ihrer symbolischen Mutter den Vorwurf, ihr nicht zu helfen, nach oben zu kommen, ihr nicht den Schlüssel zum Erfolg zu geben. In der Folge wendet sie sich wie im Gleichnis mit den sauren Trauben ganz ab und behauptet, keine Hilfe zu brauchen oder zu wollen. Stattdessen wählt sie den mühsamen Aufstieg aus eigener Kraft, aber immer in der nagenden Gewissheit, dass andere eleganter nach oben kommen (Aufzug). Dieses Etwas ist der Schlüssel, den die Mutter/Interviewerin ihr vorenthält.

Dass die Patientin erst ihr Bein wiederherstellen wollte, bevor sie sich weiter einlassen würde, um sich mit ihrer Problemseite zu beschäftigen, konnte ich gut verstehen. Eine gewisse Sicherheit und Standhaftigkeit braucht man, um sich mit einer verkümmerten und schmerzenden Seite einzulassen.

Ihr 50. Geburtstag wird die Erinnerung an Gewolltes und nicht Verwirklichtes wachgerufen haben. Das folgende Urlaubsjahr ist somit sowohl ein Ausdruck ihres erneut auflodernden Hasses und der Klage über ihre empfundene Zurückgesetztheit als auch ein Versuch, etwas anderes zu verwirklichen.

V. Kapitel

Früh gestörte und traumatisierte Patienten in psychoanalytischen Erstgesprächen

Angesichts des neuropsychologischen Wissens und der psychoanalytischen Erfahrungen mit traumatisierten und früh gestörten Patienten, bei denen die Sprachfunktion am Beginn der Störung nicht oder nur rudimentär ausgebildet ist, müssen wir von einem erweiterten Begriff des Unbewussten ausgehen (vgl. De Masi 2003; Laimböck 2007, S. 22ff.). Neben dem bekannten dynamischen Unbewussten, dessen Inhalte wir uns im unbewussten Sektor des biographischen Gedächtnisses gespeichert vorstellen können, gibt es vorsprachliche oder traumatische Ereignisse, die nie in einen biographischen Zusammenhang gestellt werden konnten und somit in einem sogenannten prozeduralen Gedächtnis gespeichert sind. Die Forschungen der Kognitionspsychologie zum Trauma geben der psychoanalytischen Erfahrung recht, dass frühe Störungen und abgewehrte traumatische Erfahrungen in einer analytischen Situation wiederbelebt und neu bearbeitet werden können. Das Trauma-Gedächtnis, das dem sogenannten impliziten oder prozeduralen Gedächtnis angehört und sprachlich nicht kodierte Inhalte enthält, ist deshalb nur »im unmittelbaren Vollzug einer aktiven Demonstration zugänglich« (Brooks Brenneis 1998, S. 801). Brooks Brenneis stellt in diesem Zusammenhang die Frage, ob nicht alle Gedächtnisleistungen »konzertante Rekonstruktionen, ›Aufführungen‹ mit mindestens drei ›Instrumenten‹, Hirn, Körper und Außenwelt« (ebd., S. 829) seien. Wenn man davon ausgeht, dass es in analytischen Situationen zu solchen konzertanten Aufführungen kommt, ist die Mitteilung unbewusster Komplexe immer an eine konkrete Prozedur gekoppelt – die Übertragung-Gegenübertragung – und die je unterschiedliche Beteiligung von Hirn, Körper und Außenwelt mag die Differenz zwischen neurotisch, früh gestört und traumatisch ausmachen.

Die »Mitteilungen« von Komplexen aus dem prozeduralen Gedächtnis ereignen sich aufgrund von Eigenheiten der aktuellen Situation zwingend und erscheinen zunächst ohne einen sinnvollen Bezug zur Szene oder biographischen Zusammenhängen wie rohe Daten, scheinbar ohne ein inszenierendes Ich. Deshalb sind diese Ereignisse phänomenologisch ganz anders als jene mit verdrängten Inhalten. Aber auch sie kreieren in einem noch viel stärkeren Sinn eine schwierige Passage, weil sie einen deutlichen Bruch im bewussten Beziehungsgeschehen erzeugen. Ihr Auftreten ist deshalb genauso eine Herausforderung an den analytisch denken Therapeuten. Er kann mit Hilfe seines freien Gefühls- und Gedankenspiels Bedeutungen des scheinbar Sinnlosen kreieren oder – wenn man will – finden und ihm Sinn verleihen. Gelingt es dem Analytiker unter dieser verstörenden Erfahrung, sein Gedankenspiel zu betreiben und entlang des vorhandenen Materials einen sinnvollen Zusammenhang zu finden, hat diese Arbeit einen die beteiligten Affekte modulierenden Effekt. Wenn das Ergebnis mitgeteilt wird, werden die rohen Inhalte einem sprachlichen Niveau zumindest näher gebracht.

Was für die Behandlung allgemein gilt, gilt auch für Erstgespräche.[16] Wenn wir davon ausgehen, dass es immer einen aktuellen Anlass zum Aufsuchen eines Psychoanalytikers gibt, so liegt es nahe, diesen Anlass mit einer Wiederbelebung des Traumas im aktuellen Leben des Patienten und/oder der Erschütterung der frühen Abwehr in Verbindung zu bringen. Früh gestörte oder traumatisierte Patienten offenbaren deshalb ebenso wie neurotische Patienten ihr Schicksal im Erstgespräch. Dies wird durch eine qualitative Untersuchung von Erstgesprächen unterstützt, die zeigt, dass die Psychodynamik der Patienten auf verschiedenen Ebenen des bewussten und unbewussten psychischen Geschehens aktiv war.

> Dies reichte von vollständig symbolisierten unbewussten Phantasien […] bis hin zu unvollständig symbolisierten Objektbeziehungsphantasien, begleitet von Spaltung und projektiver Identifizierung […] bis hin zu nahezu unverarbeiteten Erfahrungen auf der Suche nach einem Container. (Reith et al. 2010, S. 86)

Auch in Erstgesprächen kann und sollte eine solche schwierige Passage psychoanalytisch gemeistert werden. Sie muss nicht unbedingt in einer veränderten Technik enden, etwa der Strukturierung der Situation. Einen

16 Heberle (2010) setzt sich kritisch mit dieser Ansicht auseinander; und Schnegg (2010) zeigt, wie dieses Vorgehen in einer psychoanalytischen Ambulanz an seine Grenzen stoßen kann.

solchen Ausgang des Interviews zeigt der folgende Fall von Herrn H. mit einer Belebung einer traumatischen Erfahrung im Interview. Der Interviewer kapituliert in dieser schwierigen Passage, in die er angesichts der aktualisierten psychischen Katastrophe mit dem Patienten geraten war, und ging zu einer Befragung des Patienten über. Mittels einer verstehenden Bemerkung kann es aber gelingen, einen Patienten in einer solchen Situation zu beruhigen und die Transformation in Sprache einzuleiten, sofern dies für den Analytiker unter dem meistens starken Gefühlsdruck und der noch stärkeren Überraschung im Erstkontakt möglich ist. Das Beispiel von Herrn K. zeigt ein solches Vorgehen. Im dritten Beispiel von Frau P. wird gezeigt, wie die aktuelle unbewusste Situation einer psychotischen Patientin nur erkannt werden kann, weil die »naheliegende« objektive Erklärung »Psychose« vermieden und das psychoanalytische Spiel mit dem Material weiterbetrieben wird.

Die Unterbrechung des Dramas – Eine Wiederbelebung des Traumas

Herr H.

Auf den Interviewer wartet ein im Sitzen gedrungen wirkender, eher kleiner junger Mann, der aber beim Aufstehen eine beachtliche Größe erreicht, so der Bericht des recht großen Interviewers.

Nachdem sich der Patient im Behandlungszimmer gesetzt hat, nimmt er seine Armbanduhr in die Hand, als wolle er die Zeit auf keinen Fall aus den Augen verlieren. Der Interviewer eröffnet das Gespräch mit einer Bemerkung, die schon ganz auf die durch *diesen* Patienten gestaltete Szene abgestellt ist: »Sie haben sich Zeit genommen!?« »Wenn man sich einmal soweit durchgerungen hat, dann nimmt man sich Zeit«, antwortet der Patient. Er habe vor einigen Wochen den schwärzesten Tag seines Lebens erlebt. An einem einzigen Tag habe er eine gute Bekannte durch einen Unfall verloren, seine Großmutter sei ebenfalls schwer verunglückt, der Gesundheitszustand des Vaters habe sich rapide lebensbedrohlich verschlechtert, er habe beruflich mit zwei tödlichen Unfällen zu tun gehabt und seine Freundin habe sich von ihm getrennt. Bemerkenswert ist, so der berichtende Interviewer, die Mitleids- und Teilnahmslosigkeit des Patienten mit und an dem Schicksal dieser Personen. Er scheint nur sich selbst als Opfer dieser Katastrophen zu sehen. Er habe gemerkt, dass er sich nicht mehr selbst helfen könne. Er wolle die Situation irgendwie ohne Schaden überleben.

Der Patient sitzt unbeweglich in seinem Sessel und die Zeit verstreicht. Der Interviewer spürt deutlich, dass nichts weitergehen, sich nichts bewegen würde. Er fühlt sich hilflos und rettet sich schließlich in die Frage nach der Biographie des Patienten. »Können Sie mir etwas über Ihre Lebensgeschichte sagen?« Es folgt nun die Lebensgeschichte des Patienten.

Es ist anzunehmen, dass dieser Bruch im Interview einen solchen in der Lebensgeschichte des Patienten markiert: die Stelle, an der eine bisher flüssige Entwicklung durch den »schwärzesten Tag seines Lebens«, dem unerträglichen Verlust narzisstischer Intaktheit, unterbrochen wurde.

Die szenische Bedeutung

Der Patient kann je nach Position sehr groß und sehr klein sein. Er belehrt sozusagen gleich zu Anfang den »großen« Interviewer, dass er nicht so klein ist, wie dieser denken könnte. Wenn er sich erhebt oder seine Uhr zückt, demonstriert er dies sinnfällig. Die Sequenz mit der Uhr soll ausdrücken, dass er nicht viel Zeit hat, er mit seiner Zeit haushalten muss; ein viel beschäftigter Mann also, der es sich nicht leisten kann, unnötig Zeit zu verschwenden. Zugleich nimmt er mit dieser Geste dem Interviewer die Kontrolle über die Zeit aus der Hand. Der Interviewer hält keine Uhr in der Hand, wollte eine entspannte Atmosphäre schaffen und gerät damit an den Falschen. »Du magst ja viel Zeit haben, ich hingegen bin ein vielbeschäftigter Mann«, so könnte die sprachliche Übersetzung der Szene lauten. Auf dieses Beziehungsangebot reagiert der Interviewer, indem er den Patienten konfrontiert: »Sie haben sich Zeit genommen?!«, womit er ausdrückt: »Sie sind von Ihren Gewohnheiten abgewichen«; oder: »Sie, der Vielbeschäftigte, haben sich Zeit genommen«. Auf diese Feststellung hin verleiht der Patient seiner Empörung über die Notwendigkeit für dieses für ihn ungewöhnliche Verhalten Ausdruck: Es sei durch einen überdimensionalen

Schicksalsschlag notwendig geworden. Man hört die Empörung des Patienten über die Ereignisse, die ihn in diese ungewöhnliche Lage bringen. Es klingt, als wolle er zum Interviewer sagen: »Bei so vielen Schlägen wärest du auch nicht mehr so groß.« Etwas zwingt den Patienten, den Zeitfluss zu unterbrechen, etwas von seiner kostbaren Zeit herzugeben und sich vorübergehend in diese Lage des Klein-Seins und Zeit-haben-Müssens zu begeben. Mit Ausnahme der Trennung der Freundin scheinen die von ihm aufgezählten Schicksalsschläge eher ein Unglück für die betroffenen Personen zu sein. Er aber sieht den eigenen Schaden, den er durch den Ausfall bzw. den drohenden Ausfall der betroffenen Personen nehmen könnte. Menschen, denen er von Berufs wegen vergeblich zu helfen versuchte (tödlicher Verlauf), Oma, Vater und Freundin drohen für seine Zwecke auszufallen, was ihn scheinbar in eine schreckliche Lage des Klein-Seins, der Krise gebracht hat. Er sagt, er sei hilflos und könne Schaden nehmen.

Der Bruch im Interview als Ausdruck der Überforderung

An dieser Stelle, die einen Appell an den Interviewer enthält, ihn ohne Schaden durch diese Situation zu bringen, und einen Inhalt eröffnet, nämlich das Beschädigt-werden-Können, bricht die Szene ab und wird gänzlich anders weitergeführt. Diese Stelle kann man so verstehen, dass Patient wie Analytiker sich nur durch einen gewaltsamen Abbruch vor einer unerträglichen Erkenntnis retten können, vermutlich der Einsicht, dass Beschädigung möglich, ja unabwendbar ist, dass man sich nicht immer selbst helfen kann, man also abhängig und hilfsbedürftig ist. In der aktuellen Szene ist es der Interviewer, der sich hilflos, ohnmächtig und klein fühlt. Der Patient delegiert diesen Part an ihn und lässt den professionellen Helfer spüren, wie es ist, sich ohnmächtig und hilflos zu fühlen. Er selbst hat in diesem Moment die Oberhand: Er hält die Uhr und setzt den Interviewer unter Druck, etwas Richtiges zu tun. Es gelingt dem Patienten mit seinem unerträglichen Gefühl des Beschädigt-Seins, d. h. hilflos und klein zu sein, so umzugehen, dass er sich selbst auf Kosten eines Anderen groß macht.

Der Interviewer ist von dem aktualisierten Schock des Patienten angesteckt und kann seine Souveränität nur retten, indem er schlagartig die Szene verlässt und sich auf das sichere Terrain des Frage-Antwort-Spiels eines Interviews und die sichere Lebensgeschichte des Dort und Dann begibt. Der Interviewer kann seine psychoanalytische Kompetenz, auf diese besondere Situation des Patienten zu reflektieren, in diesem Moment nicht aufrecht erhalten. Er fühlt sich ebenso hilflos und klein wie dieser und rettet sich auf eine traditionell gesicherte Position des ärztlichen Helfers, der fragt und der weiß, wonach er fragen muss. Gill et al. (1954) bemerken zu diesem Vorgehen:

> We have noted that fact gathering often occurs when the interviewer is anxious or perplexed, and, in such instances, is clearly a security operation in which he falls back to the medical tradition of inquiry and to firm »tangible« facts. (ebd., S. 90)

Dieses Beispiel zeigt, wie der Patient in einer kurzen szenischen Sequenz das zentrale unbewusste Thema seiner Größe bzw. Kleinheit darstellt und wie auf diesem Hintergrund sein aktuelles Problem zu verstehen ist: Objekte, die seine Unversehrtheit und Größe garantieren, fallen ohne Vorbereitung weg oder drohen auszufallen. Er steht wie unter einem psychischen Schock nach einem Unfall, eine Erstarrung, die sich auf den Analytiker überträgt.

Der Patient selbst behält aber den roten Faden und erzählt seine Lebensgeschichte nicht chronologisch, sondern greift für ihn wesentliche Momente aus seinem Leben heraus. So spricht er ausführlich von seinem Helferberuf, etwa den »wahnsinnig schönen« Momenten, wenn es gelingt, jemanden zu retten. Am schlimmsten sei für ihn, wenn er nicht helfen könne, er fühle sich dann ganz wertlos. In seiner Beziehung zu seinen Eltern gibt es viele Anzeichen dafür, dass er dort als Helfer gebraucht bzw. schon immer missbraucht wurde. Er hat sich offenbar mit dieser Aufgabe identifiziert, um sein Gefühl der Wertlosigkeit zu bewältigen. Wann immer er aber nicht mehr helfen kann, drängt sich ihm dieses Gefühl der Wertlosigkeit auf, das eine traumatische Qualität haben muss. So versteht man sein momentanes Dilemma besser. Er kann wichtigen Personen nicht mehr helfen, ist also massiv in seinem Selbstwert gefährdet und kann Schaden nehmen. An seiner Mitleidlosigkeit für die betroffenen Personen erkennt man, wie sehr sein Helfen seiner eigenen Stabilität dient. Auch in der Beziehung zur Freundin konnte er sich wie ein verständnisvoller Helfer fühlen und muss nun erkennen, dass sie auch ohne ihn auskommt.

Am Affekt droht das Drama zu scheitern

Herr K.

Ein Patient, 30 Jahre, ist in der Praxis einer Analytikerin angemeldet. Seine Beschwerden sind dubios, er habe Schwierigkeiten mit sich selbst, so die Vorinformationen.

Direkt vor der Tür, aufgebaut wie ein auf alles gefasster Türsteher, steht ein Mann mittlerer Größe, muskulös wie ein Bodybuilder. Die Interviewerin kommt sich ihm gegenüber klein und zierlich, wie eine ungeeignete Partnerin für diesen Mann vor. Ein Türsteher ist wahrscheinlich auf eine andere Person gefasst, als sie es ist. Sein Händedruck ist überraschend schlaff, er geht mit hängenden Schultern zu seinem Stuhl. Die Interviewerin schaut ihn erwartungsvoll an, er dagegen schaut sich im Raum um. »Haben Sie keinen Sandsack hier?« Er klopft mit der Faust die Wand neben sich ab und bemerkt, dass sie nicht stark genug sei. Was wäre, wenn er in Wut geriete und sich nirgends abreagieren könne? »Ist das das Problem, das Sie mit sich haben? Wohin mit Ihrer Wut?« Er richtet sich auf, sein Blutdruck scheint zu steigen und feindselig sagt er, er habe eigentlich Depressionen, sei müde und in seinem Studium nicht schnell genug. Wenn ihm jemand im Weg stehe, könne es aber schon passieren, dass er zuschlage.

Eine gespannte Pause tritt ein und die Interviewerin merkt, dass sie drauf und dran ist, ihm im Weg zu stehen. Sie ist ratlos, hat Angst, fühlt aber, dass sie jetzt etwas tun muss, eine Aussicht anbieten sollte, denn die Spannung ist unerträglich. Ihr fällt der Kontrast zwischen seinem kraftstrotzenden Körper und der schlaffen Hand und den hängenden Schultern ein. Sie sagt, es käme ihr vor, als fehle ihm ein Gegenüber für seine Kraft und Energie. Die Spannung löst sich auf und er sagt, er sei wie ein Eisbär im Käfig, er sähe keinen Ausweg. »Der Eisbär ist am falschen Platz, in Gefangenschaft, keiner kann etwas mit seiner Art und Kraft anfangen. Können Sie mir etwas darüber erzählen, wo Sie herkommen?«, fragt die Interviewerin. Er greift dieses Angebot begierig auf und berichtet von einem Zuhause, das einer Eiswüste glich, in dem es auch Gewaltbereitschaft gab. Es blieb ihm nichts anderes übrig, als ein dickes Fell zu entwickeln und sich gegen plötzliche Angriffe zu schützen. Diese Strategie schien damals sinnvoll.

In dieser Erstgesprächsszene gibt es etwas nicht Verbalisierbares, eine Aggression, die ganz konkret irgendwo hin muss. Tatsächlich kulminiert das Geschehen in einer schwierigen Passage, in der die Interviewerin sich direkt bedroht fühlt und unter enormen Handlungsdruck gerät. Anstatt einen »Sandsack« zu bieten oder eine »starke Wand«, gelingt es, das Geschehen in ein Bild zu verwandeln, in dem die rohe Gewalt als Kraft und Energie im angemessenen Ambiente der Lebenswelt des Eisbären erscheint. In die schwierige Passage sind beide durch ein »falsches« Verhalten der Therapeutin geraten: Wie ein Wärter im Eisbärkäfig erregt sie durch eine provozierende Bemerkung seine Wut, die sich, wie er ja gleich zu Anfang bemerkte, mangels anderer Objekte gegen sie richtet. Die beiden sind in dieser schwierigen Passage allein im Käfig, kein Dritter ist in Sicht, und er ist mit seinen überlegenen und offenbar nicht beherrschbaren Kräften gefährlich. Trotzdem gelingt ein Gedankenspiel: Die Interviewerin verbindet ihre anfänglichen Eindrücke, den Widerspruch von Kraft und Schlaffheit, das Bild eines Bodybuilders, der seine Kraft nicht im Leben, sondern an Geräten erhält, die Suche des Patienten nach einem geeigneten Objekt für seine Aggression und ihr Gefühl, eine unpassende Partnerin zu sein, zu der Bemerkung, ihm fehle ein Gegenüber für seine Kraft und Energie. Das sinnlos aggressive Geschehen bekommt dadurch einen Rahmen und der Patient findet zu seinen verbalen Fähigkeiten zurück.

Eine »verrückte« Aufführung

Frau P.

Eine junge Frau ist wegen Prüfungsangst in einer psychoanalytischen Ambulanz zum Erstgespräch angemeldet.

Die Patientin beginnt ihre Erzählung konturiert. Sie habe Angst vor Prüfungen, sie erläutert ihr Studium und wie sie jetzt vermehrt Prüfungen zu bestehen habe. Sie schildert ihre Kindheit und versucht, ihre Angstbereitschaft von dort her zu erklären. Danach folgt die Schilderung einer Beziehung zu einem Mann, eines Krankenhausaufenthalts, eines Streites mit der

Schwester und anderes mehr. Die Erzählung gerät förmlich aus den Fugen und die dennoch versuchten Zusammenhangsbildungen werden immer unwahrscheinlicher. Ihre Behauptung, sie würde immer angegriffen, die anderen seien ständig gegen sie, erkenne ich als ein paranoides Denken, das durch keine meiner logischen Einwände zu ändern ist.

Ich beobachte mich selbst, wie ich noch eine Weile versuche ihr zu helfen, die Erzählung sinnvoll zusammenzuhalten, wie ich aber inzwischen diagnostisch (paranoide Psychose und damit ungeeignet für ambulante psychoanalytische Behandlung) resigniert habe. Außerdem bemerke ich, wie die Patientin mich ebenfalls als Angreiferin zu sehen beginnt. Trotzdem sage ich, angesichts meiner eigenen gedanklichen Bemühungen: »Ich glaube, Sie haben so viele Dinge zusammenzuhalten, dass es Sie überfordert, und Sie merken, wie Sie allen Halt verlieren. Auch die Freunde scheinen Ihnen keinen mehr zu geben, sondern sind Gegner für Sie geworden. Das stelle ich mir sehr beängstigend vor.« Sie bejaht. Trotzdem fühle ich mich gedrängt zu fragen, ob sie in psychiatrischer Behandlung sei. Widerwillig bestätigt sie, dass sie stationär in der psychiatrischen Klinik war und in Weiterbehandlung bei einem Psychiater ist. Ich merke an ihrem Unwillen gegenüber dieser Wendung, dass sie hier etwas anderes erwartet. Ich ziehe innerlich die Möglichkeit in Erwägung, diese Patientin als fehlgeleitet anzusehen und sie an ihren Psychiater zu verweisen. Trotzdem gebe ich noch nicht ganz auf. Vielleicht bemüht sie sich, das Symptom und ihren Psychiatrieaufenthalt zu verbergen, weil sie weiß, dass sie damit nicht mehr in ihrem Sinne ernst genommen wird, denke ich. Denn sobald ihre paranoiden Fehldeutungen offenbar werden, das konnte ich an mir selbst beobachten, beginnt ein anderes Hinsehen.

Nach diesem inneren Dialog mit mir selbst beginne ich, mit der Patientin über diese mögliche Angst des Ausgegrenzt-Werdens zu reden, und erfahre, dass sie sich von allen Freunden zurückzieht, weil sie deren ablehnende Reaktion fürchtet, ihr niemand glaubt und sie sich selbst nicht mehr sicher ist, was stimmt. In diesem Moment habe ich keine so kranke Frau vor mir, sondern ich bin in Kontakt mit einem Teil ihrer selbst, der über ihre Not bezüglich ihres Verlusts der Realitätskontrolle sprechen kann. Daraus ergibt sich ein ganz anderes Anliegen der Patientin. Nicht die psychoanalytische Behandlung der Psychose, sondern Verständnis für die Folgen für einen Menschen, der in eine solche Situation geraten ist, wird von ihr gesucht.

Dieser Wunsch ist der Patientin aber nicht bewusst, er muss für sie erst erschlossen werden. Dieses Unbewusste ist ein anderes als das dynamische, aber es kann ebenso deutend, durch das Spiel mit dem Ungereimten und den aktuellen Materialien erfunden, erschlossen, entwickelt werden. Die schwierige Passage erscheint in diesem Beispiel nicht besonders dramatisch, schleicht sich eher als eine Verlockung ein, die verstehende Methode aufzugeben und die Patientin in ihre psychiatrische Behandlung zurückzuverweisen. Man könnte denken, dies wäre ein Agieren eines unbewussten Wunsches der Patientin gewesen. Dieses Verhalten hätte ihr bestätigt, dass sie abgelehnt und weggeschickt wird. Mit der anderen Sichtweise kann ich nun der Patientin psychoanalytische Gespräche anbieten, in denen es um ihr Erleben von und den Umgang mit ihren verstörenden psychotischen Erfahrungen geht. Damit ist auch nicht ausgeschlossen, dass ihre Symptome einem psychoanalytischen Verständnis zugänglich werden könnten.

VI. Kapitel

Die nachträgliche Bearbeitung des Erstgesprächs im Hinblick auf eine psychoanalytische Diagnose

Der Verlauf des Erstgesprächs kann durch den Interviewer nachträglich im Hinblick auf bestimmte klinisch wichtige Erkenntnisse befragt werden. Die dazu notwendigen Informationen sind im Material enthalten. Auf diese Weise ist man um Aussagen über den psychischen Apparat des Patienten, den strukturalen, den dynamischen, den ökonomischen und den genetischen Gesichtspunkt bemüht. Eckstaedt (1991) führt in ihrem Buch über psychoanalytische Erstgespräche dieses Vorgehen an 12 Beispielen vor. Sie wählt als theoretische Bezugspunkte nicht den psychischen Apparat, wie ich es im Folgenden tue, sondern entwicklungsrelevante Themen, die sie nach der jeweiligen Darstellung des Interviews herausarbeitet.

Beispiel Herr H.

Dieser Patient leidet an einem mangelnden Selbstwertgefühl und einer Unsicherheit bezüglich seiner narzisstischen Stabilität. Sein narzisstisches Gleichgewicht ist durch aktuelle Erfahrungen der Hilflosigkeit und der Unfähigkeit, seine Objekte wie Selbstobjekte zu manipulieren, gefährdet. Er erlebt die Folgen eines solchen Stabilitätsverlustes als Beschädigung und Bedrohung seiner physischen und psychischen Integrität (»Wie kann ich ohne Schaden durch diese Situation kommen?«, ist seine Frage an den Interviewer). Aufrechterhalten wird sein instabiles Selbstgefühl durch seine Tätigkeit als Helfer. Bei Helfereinsätzen kann er seine potentielle Hilflosigkeit auf andere projizieren und sich seiner aktiven Fähigkeiten versichern. Die unausweichliche Erfahrung des Gegenteils bedeutet eine ständige Bedrohung und zeigt die Brüchigkeit und Ineffizienz dieses Kompensations- bzw. Abwehrmodus.

Der Affekt, der durch die Destabilisierung hervorgerufen wird, ist Wut – sie zeigt sich im Interview in einer aggressiv aufgeladenen Atmosphäre – oder mildere Formen davon wie Vorwurfshaltung und Arroganz. Die Wut entsteht durch das Erlebnis der Ohnmacht und des Ausgeliefertseins, das von ihm wie eine Weigerung der Selbstobjekte, ihm zu dienen, empfunden wird. Die Wut wird durch sein Ich unter Kontrolle gehalten und sinnvoll in die Szene integriert (Arroganz, Uhr, eindrucksvolles sich Erheben, vorwurfsvolle Einstellung dem Interviewer gegenüber, Angriffslust). Die benutzten Abwehrmechanismen sind analer Art: Zurückhaltung und Kontrolle. Aggressive Durchbrüche oder zerstörerische Aktivitäten sind keine zu bemerken, was insgesamt auf ein ausreichend stabiles Ich hinweist. Andere Triebtendenzen sind im Interview nicht wahrnehmbar. Es scheint, als hätte das narzisstische Problem alle anderen psychischen Aktivitäten und Qualitäten geschluckt.

Die Objektbeziehungen dienen weitgehend der Stabilisierung des narzisstischen Gleichgewichts. Die geschilderten Personen, mit denen der Patient verbunden ist, erscheinen nicht als lebendige, ganze Personen mit Eigenarten und Vorlieben, sondern lediglich als Objekte, die jetzt ausfallen. Ihr subjektives Erleben der Unfälle und Krankheiten wird vom Patienten nicht reflektiert. So kann der ältere und in gewisser Weise größere Interviewer nicht als Helfer gesehen und besetzt, sondern nur als eine Bedrohung für seine eigene Größe wahrgenommen und behandelt werden. Die Wahrnehmungen des Patienten sind auf Realitäten in Bezug auf seine narzisstische Stabilität eingeschränkt. Realitätsverzerrungen können in der Selbstwahrnehmung angenommen werden, sofern es um die Anerkennung seiner relativen Größe, Verletzbarkeit und Hilfsbedürftigkeit geht. Eine solche Verzerrung liegt vor, wenn es ihm vorkommt, als hätte er allein sich Zeit nehmen müssen. Ebenso steht seine Empathie im Dienste seiner Stabilität. Besonders narzisstische Schwächen des Gegenübers werden erkannt und genutzt. Der Interviewer selbst konnte seine Hilflosigkeit nicht gut aushalten, was der Patient merkte und durch sein Schweigen steigerte, so dass der Analytiker schließlich seine Kompetenz preisgab.

Es herrscht ein Ich-Ideal, das einen unabhängigen, nie hilfsbedürftigen und nie ohnmächtigen Menschen verlangt.

Vom genetischen Gesichtspunkt ist anzunehmen, dass die Entwicklung einer Sicherheit bezüglich seines Selbst und der ihn haltenden Objekte gestört ist. Die Metapher »schwärzester Tag in meinem Leben« und die szenische Verdichtung eines Entwicklungsabbruchs im Interview lassen ein traumatisches Erlebnis in diesem Sektor vermuten. Auch die berufliche

Beschäftigung mit traumatischen Situationen verweist auf diesen Umstand. Die Schwäche des Selbstobjekts zeigt sich in der Übertragung. Der größere Interviewer (Vater) hält nicht stand, er ist schwach und lässt eine Umkehr der wahren Größenverhältnisse zu. Der Einsatz des Patienten als Helfer in der Familie war, so seine Schilderung, dann vonnöten, wenn der Vater ausfiel. Ein Teil seines schwärzesten Tages ist daher auch der körperliche Zusammenbruch des Vaters. Frauen, Großmutter und Freundin, erscheinen auch als unzuverlässig. Die Verdichtung der Katastrophen an einem Tag soll den Verlust aller hilfreichen Objektbeziehungen symbolisieren: Keine, keiner ist da, um ihm zu helfen. Man könnte meinen, er habe aus dieser Not eine Tugend gemacht: immer kontrolliert und nie selbst hilfsbedürftig sein.

Interessant ist das Fehlen der Mutter. Die Biographie legt nahe, dass sie selbst schwach war und sich auf ihren Sohn stützte, was dessen Selbstwahrnehmung bzw. Größenwahrnehmung zusätzlich verzerrte. So wird verständlich, warum der Patient zur Stabilisierung und zur Bekräftigung seiner Größe, Selbständigkeit und Unversehrtheit auf eine Helfertätigkeit rekurriert. Es ist eine Fortsetzung seiner aus der Kindheit stammenden aufgezwungenen Funktion, die aber jetzt aktiv zur Aufrechterhaltung seines Wertes und der Verzerrung der Größenverhältnisse und der Wirklichkeit benutzt wird. Genetisch gesehen ist ein Nicht-Bewältigen des Ödipuskomplexes zu vermuten. Die »wahren« Verhältnisse sind noch nicht anerkannt. Daher rühren die mangelnde Sensibilität für Andere und ein geringes Vertrauen in seine männlichen Fähigkeiten. In der Beziehung zu seiner Freundin schildert er sich v. a. als geduldiger Helfer.

Was die Motivation des Patienten für eine Therapie angeht, so ist anzunehmen, dass er zunächst – unbeschadet durch diese Krise – seinen Status quo, die Illusion einer unwahren Größe (im Verhältnis zum Vater) und seiner Unverletzlichkeit aufrechterhalten will. Dazu soll ihm der Therapeut verhelfen. Es ist aber ebenso anzunehmen, dass der Patient nicht nur aus konservativen Gründen zum Therapeuten gekommen ist, sondern dass er auch einen Wunsch nach einem stabilen Vater, einer verlässlichen Größe und einer weniger gefährdeten Existenz hat.

Das Verhältnis dieser Tendenzen zueinander und die Fähigkeit des Therapeuten, auf die narzisstische Verletzbarkeit des Patienten empathisch einzugehen, ohne dabei die eigene Kompetenz (Größe) aufzugeben, werden die Prognose bestimmen. Unter diesen Bedingungen ist es möglich, dem Patienten Einsicht in seine Selbsterhaltungsmechanismen zu geben und ihn mit der Wirklichkeit zu konfrontieren. Eine entsprechende Ich-Stärke und Intelligenz sind vorhanden. Die Introspektionsfähigkeit wird mit dem Fortschreiten der Therapie wachsen. Dann wird auch der ödipale Konflikt in der therapeutischen Beziehung bearbeitbar werden. – Diagnose: narzisstische Persönlichkeitsstörung.

Beispiel Frau B.

Die Beziehungskonstellationen in diesem Interview verweisen auf einen ungelösten und ständig virulenten ödipalen Konflikt. Die Patientin kann sich nicht mit ihrer Rolle als Tochter gegenüber dem Vater abfinden. Sie ist voller Neid auf die Mutter, die ihren Platz besetzt hat. Mit der untergeordneten Position, in der sie Qualitäten entwickeln und anwenden kann, ist sie nicht zufrieden. Eine besonders nagende Qualität des Neides mit einer Neigung zur Selbstanklage entsteht durch ihre unbewusste Vorstellung, diesen besonderen Platz einmal inne gehabt und ihn durch eigenes Verschulden verloren zu haben (dumme Kritik, Abwesenheit). In diese präödipale Phantasie, in der es keine Konkurrenz und Wissen über ihre Tochterposition, sondern eine Vollkommenheit im Zusammenhang mit dem Vater gibt, bricht die Erkenntnis der ödipalen Wahrheit ein. Die unbewusste Ansicht, diese Realität selbst verschuldet zu haben, erschwert das Sich-Abfinden, mildert aber die narzisstische Kränkung.

Eine Leerstelle im Interview verweist auf einen ausgeklammerten und besonders konflikthaften Bereich: den der Weiblichkeit und der Sexualität. In ihrer Vorstellung spielt das Geschlecht, die Sexualität und der Altersunterschied keine Rolle. Sie bewegt sich in einer Leistungswelt, in der es nicht darauf ankommt, ob sie Mann oder Frau ist. Sie verleugnet die besondere sexuelle Beziehung der Eltern (sie könnte den Platz der Mutter ebenso gut einnehmen) und ihr Alter, das ihr eine bestimmten Position in der Generationenfolge gibt. Nur so kann sie sich die Illusion ihrer Gleichheit gegenüber der Mutter und damit der Möglichkeit, ihren Platz selbst einzunehmen, erhalten. Hier ist die Realitätswahrnehmung durch Verleugnung und Verdrängung eingeschränkt. Damit verzichtet die Patientin auf die Entfaltung ihrer weiblichen Seiten und den damit verbundenen sexuellen Möglichkeiten im weiteren Sinn. Symbolisch stellt die Patientin diese

Situation mit ihrem Beinleiden dar. Ihr Dasein gründet vorwiegend auf einem Bein (Leistung), welches durch diese Überlastung nun auch schmerzt und z. T. ausfällt.

Dieses Ergebnis ihrer Entwicklung verweist auf eine unbefriedigende Mutter-Tochter-Beziehung, die vielleicht auch dafür verantwortlich ist, dass sich die Patientin so ausschließlich dem Vater zuwendet, um dann auch von ihm enttäuscht zu werden. In der Beziehung zur Interviewerin zeigt sich diese konflikthafte und wenig produktive Beziehung zur Mutter. Die Patientin will von dieser Frau nichts annehmen und macht sie gleichzeitig für ihr Unglück verantwortlich. Dass es sich hierbei um den Vorwurf handelt, von der Mutter nicht das richtige Geschlecht bekommen zu haben, den Schlüssel, der ihr einen eleganteren Aufstieg ermöglicht hätte, kann man annehmen. Das Festhalten am Penisneid ist eine weitere Folge der Nicht-Anerkennung der ödipalen Realität. Es ist unbewusst ihre Schuld, ihre dumme Kritik, ihr Weggehen und die Schuld der Mutter, die ihr nicht das nötige Instrument (Schüssel) zur Verfügung gestellt hat, dass sie jetzt einen schlechten Platz hat und sich mühsam durchs Leben schlagen muss. In ihrem Hass auf diese Situation und auf sich selbst ist sie bereit, sich selbst zu schädigen (Beinoperation, Urlaubsjahr).

Ihre Intelligenz und die kreative Verarbeitung ihrer libidinösen Seiten ließen die Patientin eine interessante und produktive Mitarbeiterin trotz der empfundenen Kränkung sein. Diese Lage ist aber sowohl von innen, wie von außen nicht stabil. Von innen kam und kommt der Drang nach Verwirklichung auch der weiblichen, sexuellen Seite (Urlaubsjahr, 50. Geburtstag) und von außen tauchen Ereignisse auf, die die verleugneten Realitäten wieder ins Spiel bringen (Alter, berufliche Misserfolge, Schmerzen im Bein).

Die Motivation für eine Therapie ist bei der Patientin vorhanden, jedoch erschwert die schlechte Mutter-Tochter-Beziehung, die sich in der Übertragung manifestiert, eine notwendige positive Beziehung. Die Ambivalenz zeigt sich in der Absage, bzw. im Aufschub des zweiten Gesprächs. Eine Chance besteht in der Aktivierung der freundlicheren Beziehung, die kurz im Interview aufschien und zunächst eine freiere Darstellung der Patientin ermöglichte. – Diagnose: Hysterie.

Der Jurist

Ich wiederhole hier die im Kapitel über die Eingangsszene vorgestellte Sequenz und ergänze den Fortgang des Gesprächs:

> Ein Herr, Anfang 60, Jurist in hoher Staatsstellung, kam, um in familiären Angelegenheiten Rat und Hilfe zu erlangen. Der Mann war trotz der bestehenden sommerlichen Hitze äußerst korrekt, beinahe feierlich gekleidet. Er schilderte zunächst den Grund seines Kommens und hatte sein »Referat« gründlich vorbereitet. Zudem benutzte er eine Art von Akte, um sich über die psychologischen Zusammenhänge gänzlich unbedeutender Daten exakt zu informieren und eventuell vorher Gesagtes zu korrigieren. Er wunderte sich etwas, dass der Interviewer für mitgebrachte Schriftstücke so wenig Interesse zeigte. Erst nach 25 Minuten ging der Ratsuchende auf seine Familienverhältnisse ein. Er gab von seiner Frau und den kleinen und teilweise auch schon erwachsenen Kindern kaum mehr als die Personalien an. Nun schwieg er und schaute erwartungsvoll auf den Interviewer. Dieser war durch den langen und gänzlich unergiebigen Sermon etwas verärgert, hatte das Stereotyp des trockenen Juristen diagnostiziert und fragte deshalb bewusst freundlich und milde, ob es denn nicht für Kinder, vor allem für Söhne schwer sei, einen so erfolgreichen und tüchtigen Vater zu haben, man könne ihn kaum erreichen, geschweige denn ihn etwa überflügeln. Das Gegenüber stutzte zunächst nach dieser unerwarteten und scheinbar auch nicht zur Sache gehörigen Bemerkung. Dann aber ging ein Leuchten über sein Gesicht, und er begann zu erzählen… (Argelander 1970a, S. 18/19)

Hier ist die Diagnose »Analcharakter« im Sinne Hoffmanns (1984) als einer stabilen, angepassten, ich-syntonen Lösung vor allem analer Konflikte angebracht. Sie ergibt sich aus der Betonung von und dem besonderen Umgang mit analen Inhalten und Konflikten, wie Macht-Ohnmacht (das Kompetenzgerangel in der Beziehung) und dem Chaos (der geordnete Vortrag als Vermeidung von Durcheinander). Die perfekte Vorstellung des Ratsuchenden, der gelangweilte und in seiner Kompetenz angegriffene Analytiker (Macht-Ohnmacht), seine betonte Freundlichkeit (Verkehrung von Aggression ins Gegenteil), das Erscheinungsbild (ordentlich, korrekt, konventionell) und die Sprechweise des Ratsuchenden (geordnet, aber detailliert und am Wesentlichen vorbei, d. h. Verschiebung auf ein Kleinstes) runden das Bild ab.

Wichtig ist die Flexibilität des Ichs, das von dieser Haltung abweichen kann. Der Ratsuchende reagiert auf die Bemerkung des Analytikers, die etwas Wesentliches anspricht, nicht mit verstärkter Abwehr, sondern er lässt sich erleichtert auf das Thema ein. Wie der weitere Verlauf des Gesprächs zeigt, liegt ein interpersoneller Konflikt zwischen Vater und Sohn vor. Dort scheint es zu einer Verhärtung (Symptom) gekommen zu sein, einem Problem aufgrund des Charakters des Vaters, der adäquat mit psychischer Hilfesuche reagiert und den dort gewonnen neuen Blickwinkel (Identifikation mit dem Sohn gegenüber einem perfekten Vater) nutzen kann.

Aufgrund dieser Flexibilität des Ichs ist jede folgende Behandlung, Kurztherapie oder längere Psychoanalyse, prognostisch günstig.

Da dem Psychoanalytiker heute ein breites Spektrum psychoanalytischer Gesichtspunkte zur Verfügung steht, wählt er jenen oder jene aus, die diesen Patienten und diese Beziehung am besten erfassen. Es handelt sich dabei nicht um einen einseitigen Prozess, in dem ein gültiges Konzept herangezogen und an die vorhandenen Daten angelegt wird, sondern um einen wechselseitigen Suchprozess im Interviewer zwischen psychoanalytisch theoretischen Gesichtspunkten und konkreten Daten und Beziehungserfahrungen. In der klinischen Praxis empfiehlt sich deshalb eine gewisse Breite und Flexibilität, die Theorien betreffend, um optimal auf den jeweiligen Patienten eingehen zu können. Diese Pluralität entspricht der momentanen Lage der Psychoanalyse als einem Zusammenschluss mehrerer, nur z. T. sich ausschließender, überlappender, verschiedene psychische Bereiche abdeckender oder verschiedene Aspekte betonender Theorien. Kernberg nennt folgende Gruppen:

> Kleinian, ego-psychology, British Independent (what used to be called the »middle group«), French mainstream (non-Lacanian), interpersonal (earlier called »culturalists«) and self-psychology literature. (Kernberg 1993, S. 659)

Nissen (1996) beschreibt, wie bei der Arbeit mit unterschiedlichen Konzepten (Freud, Klein, Sandler) Deutungen mit anderen Inhalten gegeben werden, die sich aber, so scheint mir, nicht ausschließen, sondern bestimmte Akzentuierungen hervorbringen. Bezüglich der Auswahl der Konzepte schreibt Strenger:

> Perspectives are not true or false, but they can be more or less rich and encompassing. Correspondingly, theories based on such outlooks need not contradict each other. (Strenger 1991, S. 160)

Zum Patienten und dem Beziehungsprozess passend, wurde deshalb im ersten Beispiel von Herrn H. ein Konzept aus der Selbstpsychologie, das die narzisstische Organisation betont, gewählt. Ihm liegen die Ausführungen von Kohut (1976/1971, S. 17–53) zum Narzissmus zugrunde. Im zweiten Beispiel wurde das Trieb- und Entwicklungskonzept zum Ödipuskomplex beim Mädchen (vgl. Chasseguet-Smirgel 1974) angewendet und im dritten das Augenmerk auf überdauernde charakterliche Eigenarten des Patienten und deren Bedeutung in einer interpersonellen Relation (Vater-Sohn) gelegt. Das Symptom wurde eher in der Beziehung zwischen Vater und Sohn als in einem intrapsychischen Konflikt gesehen. Diese Sicht verwendet Hoffmanns (1979) Charakterkonzept und das der interpersonale Abwehr von Mentzos (1989).

Ich will damit zeigen, dass sich bei der nachträglichen klinisch-theoretischen Bearbeitung des Interviews verschiedene theoretische Modelle im Analytiker einstellen, die das psychische Geschehen in diesem Patienten am besten, d. h. am konsistentesten und vollständigsten, erfassen. Eine maximale Übereinstimmung der objektiven, subjektiven und situativen Informationen ist das Ziel, nach dem die Gesichtspunkte ausgewählt werden. Die Entscheidung für ein Konzept ist das Resultat eines denkerischen Hin und Her zwischen klinischen Konzepten und dem dokumentierten Geschehen. Dieser Prozess dauert so lange, bis eine ausreichend stimmige Konzeption gefunden ist. Diesem Vorgehen liegt die Annahme zugrunde, dass so erarbeitete Resultate eine optimale Nähe zu den »wirklichen« inneren Konflikten und Themen des Patienten haben.

Da es sich bei psychoanalytischen Theorien um Abstraktionen aus den klinischen Erfahrungen handelt, die ein Wissen über die innerpsychischen Zusammenhänge im Menschen allgemein beinhalten, können aus diesen Theorien Schlüsse gezogen werden, die über die im Interview vorhandenen Informationen hinausgehen. Dies können Annahmen über die Struktur, die Genese und die zu erwartenden Vorgänge in einer Psychotherapie sein. Z. B. könnten im Beispiel des Juristen mit Hilfe der gewählten Theorie des analen Charakters auf bestimmte Aspekte seiner Kindheit geschlossen werden. Der Interviewer aber sollte sich darüber im Klaren sein, welche seiner Annahmen auf Theorie und welche auf Informationen aus dem Erstgespräch beruhen. Es ist wünschenswert, dass sich theoriebasierte Annahmen in weiteren Gesprächen mit konkreten Informationen anreichern, weshalb es sinnvoll sein kann, sie in einem weiteren Gespräch gezielt zu erschließen. Über die Besonderheit von Zweitgesprächen, die vorwiegend solcher zusätzlicher Abklärung und der Information des Patienten dienen, informiert Pirchner (2010). Sie zeigt des Weiteren, wie sich der Patient in einem Zweitgespräch anders, oft mit seinen reiferen psychischen Fähigkeiten szenisch vorstellt. Die eventuell in einem Zweitgespräch erfragte Biographie kann zur Unterstützung der getroffenen Annahmen herangezogen werden. Biographische Angaben sind aber keine Beweise für diese Annahmen, sondern Hinweise, Indizien, die eine angenommene innere Wirklichkeit nahelegen bzw. unwahrscheinlich erscheinen lassen. Zuletzt kulminiert diese abstrahierende Bearbeitung des ersten und der folgenden Gespräche in einer noch weitergehenden Abstraktion, der Diagnose.

Zusammenfassend lässt sich sagen, dass es sich bei der diagnostischen Arbeit um ein gezieltes Herantragen der psychoanalytischen Theorien über den Menschen an die im Interview erhaltenen Informationen handelt. Dieser Vorgang ist ein Prozess wechselseitiger Einpassung von Konkretem und Abstraktem, der so lange dauert, bis eine theoretische Konzeption, die dem Innenleben dieses Patienten am besten entspricht, gefunden ist. Diese Konzeption ist durch ein Maximum an Übereinstimmung mit den vorhandenen Informationen und durch ein Minimum an rein theoretischen Annahmen gekennzeichnet. Biographische Daten können dabei als Indizien für die Richtigkeit der Konzeption angesehen und benutzt werden. Diese Abstraktionsarbeit mündet in der Regel in einer psychoanalytischen Diagnose.

VII. Kapitel

Interventionen im Erstgespräch

Überblick

Das psychoanalytische Erstgespräch unterscheidet sich in der Methode nicht von einem Gespräch im Rahmen einer psychoanalytischen Therapie. Es gelten die gleichen Interventionsarten: Konfrontation, Klarifikation und Deutung (vgl. Greenson 1973/1967, S. 113–135; Sandler et al. 1973, S. 101), wobei die Deutung das eigentliche psychoanalytische Instrument ist. Greenson (1973) spricht von zwei Interventionsarten, die die eigentliche Deutung des Widerstandes einleiten: die Konfrontation, die das Aufzeigen und Erkennen des Widerstandes vollzieht, und die Klarifikation des Widerstandes, ein umfängliches Untersuchen des vorher aufgezeigten Verhaltens. Die eigentliche Deutung enthält das Resultat dieser Bemühungen, verbalisiert die Triebimpulse und Phantasien, die abgewehrt werden, sagt etwas über das Motiv für das Abwehrverhalten aus und benennt die schmerzlichen Affekte, denen ohne dieses Verhalten begegnet werden müsste (vgl. ebd., S. 113). Sandler, Dare und Holder (1973) greifen die von Greenson für die Widerstandsanalyse eingeführten Techniken in einem allgemeineren Sinn für das Analysieren von psychischen Phänomenen in der Psychoanalyse überhaupt auf. Sie sprechen von Konfrontation, wenn es darum geht, die Aufmerksamkeit auf ein bestimmtes Phänomen zu lenken, und von Klarifikation, wenn dieses Phänomen schließlich »in ein scharfes Licht« (ebd., S. 101) gerückt wird. Die Deutung benennt die unbewusste Bedeutung des Phänomens und das Motiv für die Verschlüsselung. Das Durcharbeiten ist der folgende Schritt, in dem die neue Erkenntnis in ihren vielfältigen Bedeutungen und Zusammenhängen untersucht wird.

Ein wesentlicher Anspruch an eine psychoanalytische Deutung ist aber, dass sie nicht nur diese unbewussten Inhalte benennt, sondern dass sie dabei etwas verändert. Sie sollte nicht nur ein »Sprechen über« (Werthmann 1993, S. 317) oder ein »leeres Sprechen«, wie es Lacan nennt (zit. nach Werthmann 1993), sein, sondern sie sollte eine aktuelle innere Lage des Patienten ansprechen und eine echte Einsicht, die Veränderung beinhaltet, ermöglichen. Diese Funktion der psychoanalytischen Deutung hängt inhaltlich und historisch eng mit der immer zentraleren Bedeutung des Übertragungsgeschehens zusammen. Strachey (1934) hat als einer der ersten diese Art der Deutung, die sogenannte »mutative Deutung« benannt und betont, dass sich der Widerstand des Patienten in der Beziehung zwischen Analytiker und Patient abspielt, weil der Analytiker als Projektionsfläche für das Über-Ich benutzt wird. Eine mutative Deutung bezieht diese Beziehung mit ein und hilft so, eine Trennung zwischen dem phantasierten und dem realen Analytiker vorzunehmen, wodurch die unbewussten Phantasien des Patienten in der Analyse offenbar werden. Die Essenz dieser Aussage, nämlich dass sich die psychischen Kräfte in der Beziehung realisieren und abspielen, bedeutet, dass in der Deutung diese Beziehung zum Thema wird. Freud hat das verändernde Potenzial, das in der Deutung der aktuellen unbewussten Beziehung von Analytiker und Analysand liegt, mit seinem Vergleich, man könne niemanden »in absentia oder in effigie erschlagen« (Freud 1912, S. 374) verdeutlicht.

Die Einführung der Gegenübertragung hat die Betonung der Beziehung abgerundet, indem sie den Spielpartner, den Analytiker, systematisch mit einbezieht. Die Gegenübertragung wurde zuerst von Heimann als ein nützliches Instrument im Verständnisprozess, das die verborgenen Beziehungswünsche des Patienten erhellt, formuliert. Ihre Grundthese lautet:

> Das Unbewusste des Analytikers versteht das des Patienten. Dieser Rapport in der tiefen Schicht kommt in Form von Gefühlen an die Oberfläche, die der Analytiker als Reaktion auf den Patienten, als eine Gegenübertragung merkt. (Heimann 1950, S. 82)

Wie ich an anderer Stelle gezeigt habe (vgl. Laimböck 1994), sind Argelanders textanalytische Studien Versuche, diesen »Rapport in den tiefen Schichten« zu erhellen. Er kommt zu der Erkenntnis, dass das Verstehen in den tiefen Schichten die Folge eines Sprachgefühls ist, das vorbewusst die in den sprachlichen Verknüpfungen enthaltenen und formal nachweisbaren Eigenarten registriert und deutet (vgl. Argelander 1991). Die Einbeziehung der Gegenübertragung führte zu der technischen Forderung, eine unbewusste Beziehung zu analysieren und in Richtung auf das Verständnis des Patienten zu deuten.[17, 18]

---

17 Ginge es um das Verstehen des Analytikers, so könnte man die unbewusste Beziehung auch im Hinblick auf das Unbewusste des Analytikers interpretieren,

In allen Ansätzen, die die Deutung als eine Aussage über das Wie, Was und Warum (Greenson 1973) der Übertragungs- Gegenübertragungsbeziehung sehen, zeichnet sich die Gemeinsamkeit der Zusammenhangsbildung ab. Psychische Phänomene (Verhalten, Sprechen, eigene und fremde Affekte, etc.) werden in der Deutung so verknüpft, dass ein durch Motive zusammengehaltenes Ganzes entsteht. Dadurch wird das, was bisher unverständlich war, verständlich, es bekommt einen Sinn. Hartmann (1960) weist darauf hin, dass Deutung mehr ist als »Wiederentdecken«. Die Deutung stellt eine richtige Verknüpfung seelischer Elemente dar (ebd., S. 129). Hier stieße, so Hartmann, die Theorie der Deutung auf die Lehre von den Zusammenhängen im Seelischen.

Die zentrale Aufgabe der Deutung ist es, dort wo Zweideutiges, Widersprüchliches, Unerklärtes auftaucht, durch einen besonderen Umgang mit dem Material, Sinn, d. h. Eindeutigkeit herzustellen: »[...] wir versuchen, die ungesättigten, unintegrierten Elemente durch Ergänzungen insbesondere unbewusster Gesichtspunkte zu sättigen« (Nissen 1996, S. 7). Der Weg, der dazu führt, ist das zyklische Denken des Analytikers und die Zusammenhangsbildung.

> Unserer Annahme entspricht ein theoretischer Ansatz, den man fol-gendermaßen formulieren könnte: Immer, wenn durch eine Zusammenhangsbildung in einem fortlaufenden persönlichen Text (z. B. einem Erstgespräch, A. L.) eine unverständliche Handlung in einer Situation Sinn oder ein unverständlicher Sachverhalt Bedeutung erlangen, handelt es sich um ein personenbezogenes Erklärungsprinzip, das wir eine Deutung nennen. Immer, wenn eine unverständliche Handlung oder ein unverständlicher Sachverhalt durch Aussagen erklärt wird, die nicht durch eine Zusammenhangsbildung aus dem fortlaufenden persönlichen Text hervorgehen, handelt es sich nicht um eine Deutung, sondern um ein anderes Erklärungsprinzip, das nicht der Subjektivierung folgt. (Argelander 1982, S. 385/386)

---

denn die Szene ist nach beiden Richtungen hin offen. In der Psychoanalyse wird vertragsgemäß in Richtung des Patienten interpretiert.

18 Für eine genauerer Auseinandersetzung mit der Entwicklung der Technik bzw. der Deutung im Zusammenhang mit der Entwicklung der Metatheorie verweise ich auf Kernberg (1993, S. 659–674) und Böhle (1993, S. 240–255).

Dabei bewegt sich das Denken des Analytikers nicht linear schlussfolgernd, im Sinne des Wenn-dann-Prinzips, sondern in Schleifen, vor und zurück. Er verknüpft nach dem Weil-deshalb-Prinzip, was zu subjektiven und nicht zu objektiven Wahrheiten führt. Diese kognitive Organisation des Denkens ist kreisförmig unendlich. »Sie findet kein Ende, keinen Abschluß nach den geläufigen Begriffen wie wahr und unwahr oder richtig und falsch« (Argelander 1981, S. 114). Eine formale Untersuchung dieses Denkens wird an Textanalysen vorgeführt (Argelander 1991, S. 100–121).

Dieses Deutungskonzept konzentriert sich auf die Zusammenhangsbildung im szenischen Kontext. Folgende Momente sind dieser Sichtweise inhärent:

1. Der Patienten ist der Gestalter seiner Neurose. Hier wird Schafers (1982) »action language« aufgegriffen. Der Mensch verleiht sich und seiner Umgebung in jeder Situation eine Bedeutung, die aus vielen Quellen, seiner Erfahrung, seiner Einschätzung des Anderen, der eigenen Person, den Umweltfaktoren, gespeist wird. Das Resultat dieser Bedeutungsverleihung leitet seine Affekte und sein Verhalten. Es ist nicht schwer, nun unbewusste Bedeutungen für unverständliches Verhalten, das sich in einer konkreten Situation manifestiert, anzunehmen und ebenso naheliegend in dieser konkreten Szene nach den unbewussten Motiven zu suchen. Lorenzers Klischeebegriff (1970, S. 72–93) veranschaulicht den stereotypen Vorgang einer immer gleichen Bedeutungsverleihung.
2. Die Sprache ist nicht nur Transportmedium, sondern ein eigenständiges Prinzip, das v.a. mit der Subjektwerdung verkoppelt ist. Im Sprachprozess selbst wird Bedeutung hergestellt.
3. Die aktuelle Szene als Ort der Darstellung unbewusster Sinnzusammenhänge ist zentral.

Die Deutung im Erstgespräch

Besonderheit des Erstgesprächs ist es, dass der Patient zum ersten Mal mit einer solchen Vorgangsweise konfrontiert wird und der Analytiker sich nicht auf ein bereits erarbeitetes Repertoire an Deutungen und Bedeutungen stützen kann, wie es im Laufe jeder Psychoanalyse geschieht. Dort haben sich Metaphern, Bilder, Szenen mit einer für diese Beziehung spezifischen Bedeutung angehäuft, die in jeder neuen Stunde auch zu einem Wiedererkennen führen. Dies ist im Erstgespräch nicht der Fall, was auch dessen Reiz ausmacht. Auf Seiten des Patienten steht die überraschende Erfahrung, dass es hier nicht um Verhältnisse oder um Krankheit, sondern um *ihn* geht.

Beispiel: Frau Sch.

Ich erinnere hier an die erste Bemerkung der Interviewerin: »Ja, es war genauso (bezieht sich auf ein Erlebnis in ihrem Beruf als Vertreterin) wie mit ihrem Mann, die ganze Anstrengung, ihm zu erklären, wie gut es wäre, Zeit zu haben, war umsonst. Keiner scheint einzusehen, wie wichtig das ist, was sie anzubieten haben.« Mit dieser ersten Bemerkung stellt die Interviewerin einen Zusammenhang zwischen zwei verschiedenen Sphären, der der Vertreterin und der der Ehefrau, her. Durch die strukturelle Gleichheit zweier Gegebenheiten in aber disparaten Sphären (Geschäftswelt und Privatwelt) tritt das Verbindende, nämlich die Person der Patientin, besonders deutlich hervor. Es wird zunächst nichts anderes getan, als *diese* Person ins Zentrum zu rücken und sie in ihrer Eigenaktivität als erfolglose Vertreterin sichtbar zu machen (Konfrontation). Zugleich sieht man am weiteren Verlauf des Gesprächs, dass gerade diese scheinbar zufällige Zusammenhangsbildung zwischen Privat- und Geschäftswelt, eine Besonderheit aus der Biographie dieser Patientin repräsentiert: die Ungetrenntheit von Geschäfts- und Familienleben, wie es die Patientin im Folgenden aus ihrer Kindheit berichtet. Als die Interviewerin diese erste Bemerkung machte, hatte sie davon keine Ahnung.

Die zweite Bemerkung lautete: »Ja, jetzt kann ich mir vorstellen, wie es Ihnen überall ergeht. Sie kommen sich vor wie das kleine Mädchen, das nur durch große Anstrengung und großen Druck und Ausdauer erreichen kann, dass die Mutter einen Moment Zeit hat. Jetzt verstehe ich auch, warum Sie so wenig Vertrauen darin hatten, dass Sie Ihren Termin wirklich bekommen, auch ohne Anstrengung, oder warum Sie sich so beeilen, als ob die Zeit ganz knapp bemessen wäre. Es muss Ihnen so vorkommen, als ob es Ihnen nur mit großer Mühe gelungen wäre, etwas Zeit von mir zu bekommen angesichts der vielen anderen ›Geschäfte‹, die ich habe.« In dieser Bemerkung wird die Patientin als Vertreterin spezifiziert, indem ein weiterer Zusammenhang zwischen der Vertreterszene und der Kindheitsszene (Mädchen-Geschäftsmutter) hergestellt wird. In der Rolle der Vertreterin steckt zugleich das kleine Mädchen, das drängend der Geschäftsmutter etwas Zeit abringen will (Klarifikation). Indem nun diese Mutter-Tochter-Beziehung mit der aktuellen Beziehung zwischen Analytikerin und Patientin verknüpft wird, wird das eigentümliche Verhalten der Patientin begreiflich (Deutung). Ihr Drängen, ihre Ungeduld, ihr lautes und eiliges Sprechen gelten dieser überbeschäftigten Mutter, die wenig Zeit und Sinn für die Anliegen ihrer Tochter hat. Das Problem der Patientin wird aktualisiert, d. h. was sie im Dort und Dann ihrer Ehe beklagt, ist nun hier und jetzt aktuell. Zugleich entsteht eine Distanzierung von ihrem Verhalten, da es der aktuellen Situation nicht angemessen ist, und fordert so zur weiteren Analyse auf.

Beispiel: der Jurist

Dort fragt der Interviewer nach einiger Zeit, ob es denn nicht für Kinder, vor allem für Söhne, schwer sei, einen so erfolgreichen und tüchtigen Vater zu haben, man könne ihn kaum erreichen, geschweige denn, ihn etwa überflügeln.

Implizit stellt der Interviewer einen Zusammenhang zwischen seinem eigenen Erleben dem Patienten gegenüber und dem eines Sohnes des Patienten her. Zugleich gibt diese Bemerkung eine erste Erklärung (Deutung) für die »familiären Schwierigkeiten«, derentwegen der Patient kam. Die Deutung besagt, es gäbe Schwierigkeiten, weil man es mit ihm schwer habe. Hier sieht man, wie der Interviewer seine Gegenübertragung benutzt, um das Problem des Patienten zu verstehen. Argelander verweist auf die Evidenz, die eine solche Erklärung, die aus dem aktuellen erlebbaren

Kontext stammt, hat: »[...] aber die Gewissheit, dass es sich wirklich so und nicht anders verhält, stammt aus dem Erlebnis der Gesprächssituation selbst« (Argelander 1970, S. 19).

Beispiel: Frau R

Dieses Beispiel entnehme ich dem Protokoll eines Erstgesprächs, das im Rahmen eines Seminars vorgetragen wurde.

Es kommt eine kleine, hübsche junge Frau, die aber fast »vermummt« ist. Sie trägt einen weiten langen Rock und eine übermäßig dicke Windjacke, die sie nicht ablegt. Um den Hals hat sie ein Tuch geschlungen, nicht um sich zu schmücken, sondern um sich noch mehr einzuwickeln. Sie setzt sich nicht, gibt der Interviewerin nicht die Hand und fängt noch im Stehen abrupt an zu sprechen: Ob die Interviewerin die Soundso kenne, ob man in dieser Therapie abhängig würde und ob die Interviewerin religiös sei. Die Psychoanalytikerin sagt in etwa: »Es scheint für Sie wichtig zu sein, etwas von mir zu wissen, bevor Sie sich setzen können.« »Ja«, sagt die Patientin, weil ihr Problem sei, dass sie sich vor fremden Menschen verstecke.

Anstatt die Fragen zu beantworten, erklärt die Interviewerin das eigentümliche Verhalten der Patientin, sie müsse offenbar erst etwas wissen, bevor sie sich setzen kann. In dieser Deutung steckt das psychoanalytische Prinzip der Zusammenhangsbildung und der besonderen Betonung der Analytiker-Patient-Beziehung. Die Interviewerin fasst zunächst das Tun der Patientin als »etwas über die Interviewerin wissen wollen« zusammen und verknüpft es mit einem anderen Verhalten, dem Sich-nicht-Setzen. Auf diese Weise wird ihr eigenartiges Verhalten verständlich und das Problem der Patientin sofort in seiner aktuellen Ausprägung in dieser Szene angesprochen. Die Patientin setzt das Thema wieder verallgemeinernd fort, sie habe das Problem, dass sie sich vor fremden Leuten verstecke, und gibt damit eine Deutung für ihr »Vermummt-Sein«. Hier ist sozusagen nach den allerersten Minuten das Thema auf dem Tisch.

Fragen im Erstgespräch

Mit dem Anspruch, im psychoanalytischen Erstgespräch die psychoanalytische Methode anzuwenden, verbindet sich zwangsläufig, dass Fragen keine besondere Rolle spielen. Fragen richten sich immer an die bewussten Teile des Gegenübers und verfehlen damit notgedrungen den Gegenstand des psychoanalytischen Erstgesprächs: die unbewussten Gestaltungsmotive. Gemessen an dem Ziel des Erstgesprächs, eine möglichst freie Entfaltung der unbewussten Themen des Patienten in der Gesprächsszene zu ermöglichen, ist die Frage sogar eher kontraindiziert.

> Fragen werden [...] als hochgradig dialogstrukturierende und -steuernde kommunikative Akte betrachtet. Sie verunmöglichen mithin geradezu die Herstellung einer Gesprächsatmosphäre, in der der Patient sich frei aussprechen, mitteilen und das Gespräch eigeninitiativ strukturieren kann. (Wrobel 1985, S. 97)

Trotzdem besteht ein beachtlicher Teil der Aktivitäten des Analytikers im Erstgespräch darin, Fragen zu stellen. Dies ergab die empirische Auswertung von Gesprächsprozessen in psychoanalytischen Erstgesprächen (vgl. ebd., S. 96). Auch die bereits erwähnte Untersuchung von Künzler und Zimmermann (1965) kommt zu einem ähnlichen Ergebnis. Demnach eröffnen 59 Prozent (ebd., S. 73) der Psychoanalytiker das Gespräch mit einer Frage und immerhin 50 Prozent (ebd., S. 76) fahren in der zweiten Bemerkung mit dem Fragen fort. Diese empirische Tatsache verweist darauf, dass Analytiker das Erstgespräch nur bedingt als eine rein psychoanalytische Situation mit der zugehörigen Interventionsweise ansehen. Sie scheinen eine Mischform anzuwenden, in der dem Erfragen biographischer Daten oder bewusster Fakten ein relativ großer Raum gegeben wird.

Aus meiner Sicht, die das Erstgespräch als einen Prozess versteht, in dem unbewusste Gestaltungsaktivitäten ein Drama zwischen zwei Personen kreieren und die diese aktuellen Geschehnisse als die für eine Diagnose relevanten annimmt, ist ein fragendes Vorgehen eher kontraindiziert. Fragen sind unter diesem Blickwinkel lediglich eine mögliche Form, in die eine Konfrontation, Klarifikation oder Deutung gekleidet sein kann. Offenbar wird diese Form der Intervention häufig gewählt, um der Bemerkung den Behauptungscharakter zu nehmen. So gesehen ist die Wahl der Form abhängig von dem Wunsch, wie sich die Beziehung im Kontext von Macht-Ohnmacht, Experte-Laie etc. gestalten möge und somit ein recht strukturierender Eingriff.

Es gibt des weiteren Fragen, die sich spontan aus dem situativen Kontext ergeben und somit eine Art Konfrontation bzw. eine Vorbereitung auf eine Deutung sein können. In den meisten Fällen scheint das Fragen aber einen Abwehraspekt zu haben. Denn »der Frager wird nie das Risiko der Sprachlosigkeit auf sich nehmen müssen. Auch nicht die Gefahr des Fallens ins Leere, noch des Eingeständnisses, falsch gegangen zu sein« (Bodenheimer 1994, S. 103/104). Deshalb ist es lohnend, das eigene Motiv für das Fragen zu hinterfragen, v. a. da beide, Interviewer und Patient, gerne in dieses vertraute Spiel eintreten und oft die dahinter verborgene Hilflosigkeit übersehen (vgl. Odgen 2006, S. 192/193).

VIII. Kapitel

Die Indikation – Wozu raten wir den Patienten und warum?

Das Umfeld und die Aufgabe heute

Die völlige oder teilweise Kostenübernahme für psychoanalytische Therapien durch die Krankenkassen veränderte den Eintrittsbereich in psychoanalytisch-psychotherapeutische Behandlungen für Patienten und Analytiker. Hohage (2008) beschreibt, wie sich seit den 1960er Jahren, als die Kassenfinanzierung in Deutschland möglich wurde, die Verhältnisse geändert haben. Waren vorher noch die psychoanalytischen Psychotherapien in der Mehrzahl, so haben sich im Laufe der Zeit die Verhältnisse mehr als umgedreht.

> Die tiefenpsychologisch fundierte Psychotherapie ist inzwischen zahlen-mäßig weitaus stärker als die Psychoanalyse vertreten. Auf einen Erst-antrag auf analytische Psychotherapie kommen etwa vier Anträge auf eine tiefenpsychologisch fundiert Psychotherapie. (ebd., S. 89)

Im Zusammenhang mit den erweiterten Kenntnissen über Störungsbilder und dem sich entwickelnden und veränderten Blick auf den Behandlungsprozess wurde das Angebot von psychoanalytischen Therapien differenziert und erweitert. Neben der Ausdehnung der psychoanalytischen Behandlung auf nicht nur neurotische Patienten im Einzelsetting entwickelten sich weitere Settings unabhängig von der Differenzierung durch die Kassen.

Heute bieten Psychoanalytiker folgende Settings, in denen die Methode angewendet wird, an (vgl. Kutter 1989): die Psychoanalyse, die niederfrequente psychoanalytische Psychotherapie (z. B. Dreyer & Schmidt 2008), die Fokaltherapie (z. B. Balint et al. 1973), die psychoanalytische Kurztherapie, »Beratung« und/oder Krisenintervention (z. B. Pfeffer 1980; Schrader & Colditz 2000), die psychoanalytische Gruppentherapie (z. B. Foulkes 1974), die psychoanalytische Familien- und Paartherapie (z. B. Kutter 1989; Laimböck 1995) und soziotherapeutische psychoanalytische Verfahren (z. B. Böllinger 1979; Weiss et al. 2008). Mit diesem erweiterten Angebot kamen wir Analytiker der Anpassung der Behandlung an den Patienten näher, haben jedoch neben der diagnostischen Eignungsfeststellung die zusätzliche Aufgabe, schon am Anfang einer Behandlung ein passendes Setting zu wählen.

Neben und mit der kassenunterstützten Therapie hat sich aber nicht nur das Setting-Angebot differenziert, sondern auch die Klientel hat sich erweitert. In die Ambulanzen, aber auch in die Praxen kommen Menschen, die auf ein aufdeckendes Verfahren nicht vorbereitet sind und die oft nicht wissen, ob sie überhaupt psychologische Hilfe brauchen oder annehmen sollen. Der Analytiker sieht sich somit einer großen Gruppe von Hilfesuchenden gegenüber, deren Beschwerden, kognitive Fähigkeiten, Persönlichkeiten, Bildungshintergründe, ethnische Zugehörigkeiten und anderes erheblich variieren. Dieser Vielfalt kann sich der Analytiker gerade mit seiner Methode ohne weiteres stellen, er ist ja auf die Entdeckung des Unbekannten aus, die Überraschung und Irritation sind Bestandteil seiner Methode. Aber am Ende der Erstgespräche stellt sich doch die Frage nach der Eignung des Patienten für ein aufdeckendes Verfahren und dem zu empfehlenden Setting. Die Indikationsstellung muss der neuen Vielfalt, dem breiteren diagnostischen Feld, den Menschen unterschiedlichster sozialer Herkunft und dem differenzierten Setting-Angebot Rechnung tragen.

Die Diagnose ist angesichts recht ausgefeilter klinischer Kategorien gut möglich. Die Indikationsstellung dagegen ist schwieriger, da es keine stringenten Zuteilungen von Diagnosen und Therapieformen gibt, allenfalls Richtlinien. So ist es üblich, für Neurosen die Psychoanalyse, für schwerer gestörte Menschen niederfrequente Therapien vorzusehen. Andererseits sind aber gerade Persönlichkeitsstörungen heute ein Anwendungsbereich der Psychoanalyse. Zudem sind die Diagnosen nur Annäherungen. Oft gibt es bei Neurosen tiefere Störungen und bei frühen Störungen ödipale Anteile, so dass eine Psychoanalyse in beiden Fällen ein- bzw. ausgeschlossen sein kann. Neuere Untersuchungen legen zudem nahe, dass die Diagnose nicht ausreicht, die Entscheidung für eine Behandlung zu begründen. In einer empirischen Studie (Caligor et al. 2009) wird aufgezeigt, dass zwischen den Ergebnissen standardisierter diagnostischer Tests und der Entscheidung des Analytikers für eine psychoanalytische Behandlung kein Zusammenhang besteht:

> The most salient finding is that regardless of whether data were collected using structured interviews, self-report instruments, or clinician's im-pressions, the patient's psychopathology and social adjustment did not influence decision making with regard to referral for analysis. (ebd., S. 689)

Die Autoren geben zudem zu bedenken, dass die zur Begründung einer Psychoanalyse benutzten Kriterien vermutlich nicht überprüften und fortwirkenden Vorurteilen entspringen (vgl. ebd., S. 690). Subjektive Faktoren, wie die empfundene Intelligenz oder die Liebenswürdigkeit der Patienten, beeinflussen die Indikationsstellung. Demnach kommen andere Faktoren als die Diagnose oder davon abgeleitete Kriterien ins Spiel.

Da sich inzwischen Menschen aus allen sozialen Schichten an uns wenden, kommen bei der Indikationsstellung verstärkt Überlegungen bezüglich der Lebenssituation der Patienten hinzu: Über welche Einkünfte verfügt der Patient? Welche Verpflichtungen hat er, etwa einer Familie oder einem besonderen Beruf gegenüber? Welche Entfernungen müsste er für die Therapie bewältigen? Welche Rolle spielen für ihn die Sprache, Romane, Theater, Kunst? Ist Selbstreflexion Teil seines Lebens? Hat er Interesse für geschichtliche Zusammenhänge oder sind diese Bereiche ausgeklammert, weil er kein Interesse dafür aufbringt oder ihm diese qua Herkunft, Angebot, Gelegenheit verborgen sind?

Wir wissen inzwischen, dass keine Indikation außerhalb des unbewussten Prozesses getroffen werden kann. Der Analytiker bemüht sich zwar, bei der Diagnose- und Indikationsstellung aus dem unbewussten Beziehungsgeschehen auszusteigen, und stellt deshalb diesbezügliche Überlegungen möglichst nach den Gesprächen an. Aber diese Trennung ist nur bedingt möglich, so dass jede Indikation auch auf ihre unbewusste Bedeutung hin untersucht werden muss.

Die deutliche Zunahme an niedergelassenen Psychoanalytikern in den letzten Jahrzehnten führte dazu, dass mancher Analytiker Schwierigkeiten hat, Patienten zu finden. Diese größere Bedürftigkeit des Analytikers wirkt sich auf seine analytische Haltung negativ aus und muss bei jeder Indikation ebenfalls bedacht werden.

Nach meinem Eindruck ist heute die Einsicht verbreitet, dass die Indikationsstellung nicht allein von Eigenschaften des Patienten abhängt, sondern dass sie eine Folge des gemeinsamen Prozesses ist. Tendenziell gibt es daher keine ungeeigneten Patienten, sondern Begrenzungen in den sich ereignenden Begegnungen. Die Zugänglichkeit des Patienten wird nicht mehr nur durch klinisch-diagnostische Begriffe begründet, wie etwa durch Ich-Stärke oder flexible Abwehrmechanismen, sondern es werden von der psychoanalytischen Diagnose unabhängige Prozesseigenschaften genannt.

Die Untersuchung von Erstgesprächen, denen eine Psychoanalyse folgte, ergab z. B., dass der »Wechsel der Ebenen« im Erstgespräch, »womit der Wechsel von einem gewöhnlichen Gespräch auf eine qualitativ andere Ebene des Austausches gemeint ist, welche der Patient als emotional bedeutsam sowie als vom Gewohnten abweichend erlebt« (Reith et al. 2010, S. 75f.), ein wichtiger Moment für die Möglichkeit einer Psychoanalyse und ein Indikator für das spezifisch Psychoanalytische überhaupt war. Ob dieser Wechsel stattfinden kann, hängt in hohem Maße auch vom Analytiker ab. Es handelt sich somit um ein Interaktionsmoment. Aus diesem Grund verlagert sich der Blickwinkel weg von den Persönlichkeitseigenschaften des Patienten hin zum unbewussten Beziehungsgeschehen im ersten Kontakt und zur Frage, wie es möglich ist, in dieser ersten Begegnung eine erste Erfahrung mit der Methode, z. B. einen solchen Wechsel der Ebenen, einzuleiten. Die Autoren der EPF-Untersuchung sprechen deshalb von der »Anbahnung« von Psychoanalysen als der eigentlichen Aufgabe in Erstgesprächen.

Historische Entwicklung und »klassische« Indikationskataloge

1974 beschrieben Tyson und Sandler Probleme bei der Auswahl von Patienten für eine Psychoanalyse. Sie konstatierten für die Zeit bis dahin einen Wandel: weg von der Bindung der psychoanalytischen Behandlung an bestimmte Symptome und Diagnosen und hin zu der Untersuchung der Eignung des Patienten für Psychoanalyse, somit zur Betonung des Menschen hinter den Symptomen. Für die frühere, an Diagnosen orientierte Indikationsstellung steht Jones, der 1920 eine Reihe von Krankheiten von der Hysterie bis zur Fixierungshysterie aufführte (zit. in: Tyson & Sandler 1974, S. 534), die mit Psychoanalyse zu behandeln seien. Fenichel fügte diesem Katalog die sogenannte Zugänglichkeit des Patienten zur Behandlung hinzu und ordnete die Diagnosen in der Reihenfolge eben dieser Zugänglichkeit für Psychoanalyse (Fenichel 1945/1983, S. 176f.).

Als Beispielkatalog für eine Indikationsstellung anhand von Diagnosen kombiniert mit von der Krankheit unabhängigen Kriterien führe ich deshalb Fenichel, der in der Ausbildung nach wie vor eine Rolle spielt, kurz zusammengefasst an (ebd., S. 175ff.): Aufgrund des Wissens über die Tiefe der Fixierungen bei den Neurosen und der Übertragungsfähigkeit werden die Störungen in Bezug auf die Zugänglichkeit zur psychoanalytischen Behandlung in folgende Reihenfolge gebracht: 1. Hysterie, 2. Zwangsneurosen und prägenitale Konversionsneurosen, 3. »Neurotische« Depression, 4. Charakterstörungen, 5. Perversionen, Süchte und Impulsneurosen und 6. Psychosen, schwere manisch-depressive Fälle und Schizophrenie. Demnach ist keine dieser Krankheiten von der Psychoanalyse ausgeschlossen. Eine Hysterie kann sich als therapieresistent erweisen, dagegen können bestimmte Umstände die Behandlung einer Schizophrenie erleichtern.

Tyson und Sandler orteten die erwähnte Wende schon in einem Symposium 1954 »The Widening Scope of Psychoanalysis«, die »das Schwergewicht nicht mehr auf diagnostische Kriterien, sondern auf Kriterien der ›Eignung‹ legte« (Tyson & Sandler 1974, S. 535). Schon Freud sprach offen von der Notwendigkeit, dass ein Patient imstande sein müsse, Sympathie beim Analytiker zu erwecken: »Ich könnte mir nicht vorstellen, dass ich es zustande brächte, mich in den psychischen Mechanismus einer Hysterie bei einer Person zu vertiefen, die mir gemein und widerwärtig vorkäme, die nicht bei näherer Bekanntschaft imstande wäre, menschliche Sympathie zu erwecken.« (Freud 1895, S. 264) Auch die Eignungskriterien unterlagen einem Wandel. Hinzu kamen im Laufe der Zeit ein gewisses Maß an Intelligenz, an Seelenstärke, die Zugänglichkeit, die auch mit dem Leidensdruck in Verbindung gebracht wurde, der wiederum gegen den sekundären Krankheitsgewinn abgewogen werden musste. Die später eingezogene Altersgrenze für die Analysierbarkeit wurde sukzessive hinaufgesetzt und verlor inzwischen, ohne andere Kriterien zu berücksichtigen, ihre Gültigkeit. Vertrauen zum Analytiker und die Fähigkeit zu einem Behandlungsbündnis, Realitätsprüfung und Urvertrauen wurden angeführt. Neuere Kriterien sind Objektbeziehungsqualität, Symbolisierungsfähigkeit (Rössler-Schülein et al. 2009, S. 50) und die Entwicklungsfähigkeit der Persönlichkeit (Hohage 2008, S. 99). Je nach klinisch theoretischer Ausrichtung werden bestimmte Kriterien betont.

Tyson und Sandler wiesen aber auch auf die Gefahr hin, dass diese Eignungskriterien womöglich so ideale Bedingungen beschreiben, dass der geeignete Patient sich als einer herausstellen könnte, der keine Analyse braucht (Tyson & Sandler 1974, S. 556). Dennoch hoben sie positiv hervor, dass mit der Verschiebung von der Indikationsstellung – mittels Diagnosen – zu Eignungskriterien eine Flexibilisierung eingetreten war. Sie erlaubte es beispielsweise auch, Menschen mit schizophrenen Symptomen in Behandlung zu nehmen und umgekehrt Neurosen nicht per se als für die Psychoanalyse geeignet anzusehen, also anzuerkennen, dass die Psychoanalyse auch bei Neurosen an ihre Grenzen stoßen kann. Die Autoren bemerkten abschließend:

> […] als ob eine weitere Klärung von Eignungskriterien für eine Psychoanalyse (im Gegensatz zu »Indikationen«) manche Auswahlkriterien erleichtern könnten, wohingegen die Verwendung so vager und tauto-logischer Begriffe wie »Analysierbarkeit« diese Probleme womöglich noch unverständlicher werden lassen. (ebd., S. 557)

Neuere Indikations- und Eignungskataloge

Es setzt sich immer mehr die Ansicht durch, dass die beschriebene Idealsituation, in der ein psychoanalytisch arbeitender Therapeut auf einen in hohem Maße für Psychoanalyse geeigneten Patienten trifft, eine Folge der Beziehung ist oder zumindest in Abhängigkeit von ihr entsteht. Das bedeutet, dass sie von Analytiker und Patient gemeinsam hergestellt wird. Nicht feststehende Diagnosen oder Eigenschaften bestimmen die »Analysierbarkeit«, sondern die je spezifischen Fähigkeiten beider Teilnehmer und deren Mobilisierung in der gegebenen Situation entscheiden, ob eine Ideal- beziehungsweise eine psychoanalytische Situation sich überhaupt herstellt. Thomä und Kächele betonen in diesem Zusammenhang eine von Baumann (1981) übernommene adaptive Indikationsstellung, die analog einer adaptiven Technik gesehen wird. Dabei kommt es darauf an, dass es dem Analytiker in den Erstgesprächen gelingt, sich empathisch auf die spezifische Situation des Anderen einzustellen. Eine solche Forderung ist nur dann sinnvoll, wenn man, wie Thomä und Kächele, von der Existenz eines sogenannten Standardverfahrens ausgeht, dessen Festigkeit dazu führt, dass bestimmte Menschen in diesen Rahmen nicht hineinpassen. Sieht man hingegen das Verfahren als flexibel an, kann man sich vorstellen, wie der Analytiker mit seiner Methode und der Patient mit seinen Eigenarten sich aufeinander zubewegen. Ein Herausfallen eines Patienten ist dann tendenziell einer verunglückten Begegnung zuzuschreiben, die durch die Unflexibilität des Analytikers entstanden sein kann und nicht durch die Eigenarten des Patienten. Thomä und Kächele schreiben deshalb auch:

> Welchen Beitrag der Analytiker jeweils leisten muss und kann, um einen analytischen Prozess zu ermöglichen, stellt die eigentliche Drehscheibe dar, die der anhaltenden Diskussion über die Analysierbarkeit eigentlich ein Ende bereiten sollte. (Thomä & Kächele 1985, Bd. I, S. 191)

Die Autoren geben deshalb keine allgemeinen Indikationskriterien an, sondern greifen Patientengruppen heraus, die einer besonders adaptiven Technik bedürfen: Menschen aus den unteren sozialen Schichten, mit dissozialen Syndromen (Delinquenz) und Adoleszente. Für Unterschichtpatienten gilt demnach für den Analytiker: viel aufklärende Information, körperliche Beschwerden in ihrer Eigenständigkeit ernst nehmen, Vorsicht vor frühen tiefen Interpretationen und längere Vorbereitungszeiten. Die Modifikationen bei delinquenten Patienten richten sich vor allem auf den Aufbau einer therapeutischen Beziehung. Konkret sollte man keine allzu strengen Regeln aufstellen, die zu Opposition führen müssen oder Projektionen zunächst ertragen und sukzessive abbauen. Hintergrund dieser Flexibilisierung ist das Wissen, dass diese Menschen in der Regel unzuverlässige familiäre Bindungen erlebt haben (vgl. Thomä & Kächele 1988, 240ff.). Für Adoleszente gilt die weitgehend anerkannte Tatsache, dass nicht alles als Übertragung und Regression zu sehen und zu deuten ist, sondern vielmehr deren Bedürfnis nach Abgrenzung und einem realen Gegenüber anerkannt werden muss, wenn die Therapie oder hier das Erstgespräch darauf hinarbeiten soll, dass der Jugendliche den blockierten Entwicklungsprozess wieder aufnehmen kann (vgl. Thomä & Kächele 1988, 251ff.).

Hohage (2008), ein erfahrener Gutachter im Kassensystem, betont wieder stärker vom Patienten mitzubringende Komponenten und fällt damit hinter diesen Anspruch zurück. Dabei hat er aber im Auge, dass es nicht nur eine Standardmethode gibt, die Psychoanalyse, sondern verschiedenen Setting-Angebote, mit denen man den Bedürfnissen und Eigenarten der Patienten entgegenkommen kann. Er schlägt vor, die folgenden Fragen zu berücksichtigen:

- Wie stark ist die Problematik als innerseelisch zu begreifen?
- Wie stark kann der Patient von einem kontemplativen Zugang zu seinen Konflikten profitieren?
- Wie stark lässt sich die Problematik auf die Therapeut-Patient-Dyade beziehen?
- Wieweit ist die Problematik auf wenige Aspekte zu fokussieren?
- Kann der Patient regressive Prozesse nutzen?

Des Weiteren empfiehlt er, die Indikationsfrage in die drei Unterfragen zu teilen: Ob die gewählte Therapieform für den Patienten notwendig, möglich und sinnvoll ist.

a) Die Notwendigkeit ergibt sich für ihn aus der Anerkennung des Problems als Krankheit. Nur wenn hinter der Störung eine Beziehungspathologie auszumachen sei und diese für den Patienten ich-dyston gemacht werden könne, sei eine psychoanalytische Behandlung notwendig.
b) Zur Beurteilung der Möglichkeit seien das Alter, die Intelligenz, der sekundäre Krankheitsgewinn (vgl. auch Tyson & Sandler 1974) und die Entwicklungsfähigkeit der Persönlichkeit zu beachten. Aber auch wenn es um die Veränderungsmöglichkeiten schlecht bestellt sei, könne ein hoher Leidensdruck dennoch eine Bewegung ermöglichen; wenn psychoanalytische Behandlung und Veränderung unwahrscheinlich sind, sei die tiefenpsychologisch fundierte Psychotherapie oder andere Setting-Änderungen eine Alternative.
c) »Man wird prüfen müssen, wie sich die geplante Therapie in die Versorgungslandschaft und in die personenspezifische Lebensrealität des Patienten einpasst« (Hohage 2008, S. 100). Zu bedenken sei, dass

sich weniger die Frequenz und die absolute Zahl der Stunden auswirken, sondern die Dauer der gesamten Therapie. Bei entsprechenden Lebensumständen sei es deshalb besser, eine niedere Frequenz bei längerer Dauer anzustreben. Es gälte abzuwägen, was der Zugewinn an Erkenntnis im Verhältnis zu anderen relevanten Lebensbereichen, z. B. die Familie, bedeute.

Die subjektive Indikation

Der unbewusste Prozess im Erstgespräch ist in den Blick gerückt und in seiner Bedeutung für die Indikationsstellung bekannt. Als Beispiel für die stärkere Beachtung von Übertragung und Gegenübertragung sowie deren positive Bewertung und Nutzung sei stellvertretend Dantlgraber (1982) angeführt. Er spricht von der subjektiven Indikation und meint damit, dass die Indikationsstellung von einer emotionalen Begegnung von Analytiker und Patient im Erstgespräch abhängig gemacht werden soll. Subjektiv, weil es dabei um Phänomene der Übertragung-Gegenübertragung geht, die von den beiden Subjekten im Prozess, v. a. auch vom Analytiker abhängen. Deren nachträgliche Reflexion gehört zum Teil auch in das subjektive Geschehen, denn auch die Reflexionsfähigkeit des Analytikers ist an das unbewusste Geschehen im Prozess gekoppelt. Bei der subjektiven Indikation steht »das Problem im Mittelpunkt, ob und inwieweit beide Partner des analytischen Dialogs fähig sein werden, miteinander eine emotionale Erfahrung zu machen« (Dantlgraber 1982, S. 195). Diese Erfahrung nennt er »Begegnung«, sie sei ein normaler Prozess der unbewussten Interaktion und bezeichne den spürbaren Vorgang der Kommunikation von Unbewusstem mit Unbewusstem (vgl. ebd., S. 196). Den Verweis darauf, dass diese Begegnung auch ein Teil der Realbeziehung ist und von daher ihren »vitalen Sinn« (ebd., S. 199) bekommt, finde ich besonders wichtig. Dieses Erlebnis scheint mir ein wesentlicher Faktor für die Motivation des Patienten für eine weiterführende Therapie.

Dantlgraber beschränkt dieses Ereignis nicht auf Übertragungsneurosen, sondern sieht es auch z. B. bei sogenannten Defekten (frühe

Störungen) am Werk. Ob es sich in diesen Fällen um eine produktive Übertragung handelt, hänge nämlich von der Reaktion des Analytikers ab. Er betont, dass die Anpassungsleistungen des Analytikers bei Patienten mit struktureller Ich-Störung ein besonders Gewicht haben (vgl. ebd., S. 204). Nach meiner Meinung weitet er den Deutungsbegriff aus, indem er den transformierenden Effekt auch sprachlicher Äußerungen, denen ein »weil« und »wozu« fehlt und sogar der nicht sprachlichen Haltung des Analytikers, der aber eine Deutung im Analytiker vorausgeht, zuschreibt. »Immer geht es aber darum, dass bisher nicht kommunizierbare Gefühlszustände des Patienten in das Erleben des Analytikers eingebunden werden, durch die Phantasien des Analytikers gestaltet und in eine – zumindest für den Analytiker – verständlichere, kommunizierbarere Form gebracht werden, indem sie dem sprachlichen Niveau näher als bisher sind« (ebd., S. 202).

Eine Indikationsstellung sollte nach Dantlgraber folgende Überlegungen und Ergebnisse enthalten:

1. War eine solche emotionale Begegnung im Erstgespräch möglich? Sie wäre ein prognostisch günstiges Zeichen.
2. War es möglich eine Probedeutung, zumindest im Inneren des Analytikers zu formulieren? Auch diese Möglichkeit ist ein prognostisch günstiger Faktor. Er verweist auf die für eine produktive analytische Beziehung unabdingbare Entstehung eines analytischen Dritten.
3. Wie reagiert der Patient auf die Probedeutung, sprachlich formuliert oder nicht? Nach Dantlgraber (vgl. ebd., S. 211ff.) zeigt sich u.a. darin die Fähigkeit, Trennungsschmerzen zu ertragen und somit ein Hinweis auf die Möglichkeit, die Analyse zu beenden.

Indikation und der unbewusste Prozess

Es liegt nun nahe, den unbewussten Prozess genauer zu untersuchen, denn in ihm und durch ihn ereignen sich die bisher vorgestellten Indikationskriterien. Neben Dantlgraber, der von der genannten subjektiven Indikation und davon, dass der Interviewer bereit und fähig sein muss zur »Regression im Dienste der Beziehung« (Dantlgraber 1982, S. 198), betont auch Wegner die Bedeutung der Gegenübertragung im Erstgespräch und deren Aussagekraft für die Diagnose (Wegner 1992). Das folgende Zitat soll die Schwierigkeiten in der Behandlung von Menschen mit narzisstischen Störungen verdeutlichen. Sie gelten in besonderem Maße für ein Erstgespräch.

> Die Behandlung von Patienten mit den dargestellten Schwierigkeiten (narzisstischen, A. L.) erfordert von den Analytikern in einem hohen Ausmaß, die Konflikte und Ängste der Patienten aufgrund ihrer negativen Gefühle und destruktiven Tendenzen ausreichend wahrzunehmen undausbalancieren zu können. Sich zu verändern oder Hilfe zu akzeptieren (dieses Thema wird ja gerade im Erstgespräch virulent, A. L.) bedeutet Schwäche, ruft sehr große Angst hervor und wird von der destruktiven narzisstischen Organisation, die dem Patienten zu einem Über-legenheitsgefühl verhilft, als Fehler oder Versagen erlebt. [...] Sobald die omnipotente Selbstidealisierung des Patienten durch den Kontakt mit einem Objekt, das als vom Selbst getrenntes Objekt wahrgenommen wird, bedroht ist, treten die destruktiven omnipotenten Teile der Beziehung zutage. (Rössler-Schülein 2009, S. 67/68)

Von der Wahrnehmung und dem Ausbalancieren »im Dienste der Beziehung« durch den Analytiker hängt es v. a. ab, ob dieser Patient im Erstgespräch seine Eignung zeigen kann oder ein negatives Agieren einsetzt, das zu der Einschätzung eines ungeeigneten Patienten führen kann (vgl. das Beispiel von Herrn H. in diesem Buch).

Wie sehr die Indikationsstellung ein Teil der unbewussten Beziehung ist, zeigt eine psychoanalytische Untersuchung bezüglich der unbewussten Bedeutung von Behandlungssettings. In einer Arbeitsgruppe »Niederfrequente Langzeittherapie« (Döll-Hentschker et al. 2008), ein Qualitätszirkel innerhalb der Forschungslandschaft Psychoanalyse, wurde mit Hilfe der Balint-Methode die unbewusste Bedeutung von Setting-Vereinbarungen untersucht. Als erstes Ergebnis musste die Vorstellung einer vom Analytiker getroffenen Setting-Indikation zugunsten einer Setting-Vereinbarung revidiert werden. Immer war das Setting die Folge eines mehr oder weniger aufwändigen Aushandelns zwischen den Dialogpartnern. Dieses Ergebnis passt zu dem Vorschlag der EPF-Arbeitsgruppe, von einer »Anbahnung« der Behandlung zu sprechen (Reith et al. 2010). Des Weiteren fanden die Forscherinnen, im Einklang mit den erwähnten empirischen Ergebnissen von Caligor et al. (2009), dass die bekannten Kriterien zur Indikation – Ich-Stärke, Einsichtsfähigkeit, ödipaler Konflikt usw. – die Setting-Entscheidungen nicht begründeten. Es gab z.B. Fälle von hoher Einsichtsfähigkeit mit niederer Frequenz oder von Borderline-Niveau mit hoher Frequenz. Auch die Lebensumstände der Patienten waren nicht geeignet, die Setting-Entscheidung hinreichend zu erklären. Strukturdiagnose und Lebensumstände beeinflussen zwar die Entscheidung, sind jedoch zur Begründung nicht ausreichend.

Bezüglich der die Settings-Vereinbarung begründenden Einigungsprozesse konnten die Autorinnen fünf Regulierungsmodelle unterscheiden:

1. Übereinstimmungsmodell: Bei dieser Form wird in der Erzählung der nachfolgenden Therapie das Setting kaum erwähnt, es ist sozusagen organisch in den Prozess eingewoben.
2. Frequenzerhöhungsmodell: Angst vor Nähe erzwingt zunächst eine Frequenz, die später erhöht werden soll.
3. Frequenzreduktionsmodell: Angst vor Trennung lässt mit hoher Frequenz einsteigen, die dann reduziert werden soll.
4. Diskrepanzmodell: Eine Einigung wird nicht erzielt, die Frequenz bleibt Gegenstand des therapeutischen Prozesses.
5. Kompromissmodell: Bei unterschiedlichen Vorstellungen kommt es zu einem stabilen, von beiden getragenen Kompromiss.

Die Setting-Entscheidung ist demnach ein Ergebnis auch der unbewussten Beziehungssituation und enthält sowohl den Ausdruck als auch die Abwehr eines unbewussten Konfliktthemas. Der Therapeut fühlt dies vielleicht am Anfang der Therapie, weiß es aber noch nicht.

> Unbewusste Trieb- und Konfliktkonfigurationen drängen nach Ausdruck in einer Gestaltung, in die häufig der Analytiker einbezogen ist, insofern er dazu gebracht werden soll, den Patienten in einer bestimmten Weise zu be-handeln. (Döll-Hentschker et al. 2008, S. 154; vgl. Klüwer zum »Handlungsdialog« 1983 und 1995)

Deshalb kann das nachträgliche Verstehen der Setting-Vereinbarung zu einer Beibehaltung oder einer Änderung führen. Wird jedoch nicht gesehen, »dass der Patient mit seinem Frequenzwunsch dringend etwas noch nicht Sagbares zur Geltung bringen will, ist die Behandlung von Abbruch oder Stillstand bedroht. Rigide [...] oder pragmatische [...] Handhabung der Frequenzentscheidung beantworten handelnd, was hätte verstanden werden sollen« (Döll-Hentschker et al. 2008, S. 155).

Diese Tatsache unterstreicht die Vorstellung, dass die erste Begegnung von Analytiker und Patient bereits eine »kleine Psychoanalyse« sein sollte (Laimböck 2010). Nur die permanente Analyse des unbewussten Prozesses ermöglicht eine Ahnung von der besonderen subjektiven Bedeutung der in diesem Prozess stattfindenden Handlungen, um dann gegebenenfalls einen ersten therapeutischen Nutzen daraus zu ziehen. Die innere Freiheit des Analytikers ist dafür eine wichtige Voraussetzung. In Erstgesprächen kann diese notwendige Haltung durch die reale Bedürftigkeit oder Erwartung des Therapeuten beeinträchtigt sein. Als potentieller Therapeut, der einen Patienten sucht, sollte man sich darüber klar sein, wie dringend ein Behandlungsplatz besetzt werden muss. Vor allem Kandidaten sind auf geeignete Patienten angewiesen, um ihre Ausbildung fortsetzen zu können. Eine solche Abhängigkeit des Analytikers führt zu einer Färbung des Gesprächs, die nichts mit dem Patienten zu tun hat und die gelassene methodische Haltung des Analytikers stört. Die Autoren der EPF-Arbeitsgruppe von Erstinterviews beschreiben eine solche innere Situation des Analytikers, die ihn für die progressive Nutzung des von den Autoren so genannten »unbewussten Sturms« ungeeignet macht. Sie nennen diese Einschränkung des Analytikers »Obstruktion durch ein ›anderes Ziel‹« (Reith et al., S. 94).

Der Graubereich der Indikationsstellung – die Dehnbarkeit der Begründungen und Zusammenhänge – kann unter solchen Umständen dazu benutzt werden, Patienten in eine bestimmte Behandlung zu nehmen, weil man sie braucht und nicht weil sich diese Entscheidung aus Überlegungen und einem freien Beziehungsgeschehen ergeben hätte. Eine andere Gefahr besteht in der Anpassung an bewusste Bedürfnisse des Patienten, die aus der Kenntnis der unbewussten Bedeutung als Widerstand oder Wiederholung gesehen werden müssten. Für diese Situation sehe ich keinen wirklichen Ausweg oder eine Lösung. Es bleibt nur der Anspruch an den Erstinterviewer, sich seiner Abhängigkeit bewusst zu sein und ihren

Einfluss auf die Indikationsstellung zu untersuchen. In manchen Fällen kann es sinnvoll sein, dem Patienten eine andere als die psychoanalytische Therapie zu empfehlen. Dann sind eine unvoreingenommene Haltung des Erstinterviewers und eine gewisse Analyse der unbewussten Bedeutung dieser Vorstellung nötig. Sparer (2010) zeigt, wie in einem »consulting and treatment center« nach dem französischen Modell die Diagnose um die Frage der Repräsentationsfähigkeit des Patienten zentriert wird, und wenn diese schlecht ausgebildet ist, Psychodrama empfohlen wird.

Die Indikationsstellung als Vorschlag des Analytikers an den Patienten ist eine Folge eines inneren Synthetisierungs- oder Gestaltfindungsprozesses, in den, wie gezeigt, die verschiedensten Überlegungen eingehen. Im analytischen Container mit funktionierender Alpha-Funktion mit größtmöglicher Freiheit von prozessfernen Eigeninteressen wird ein für den Patienten angemessenes Setting vorgestellt, in dem sich nach Ansicht des Erstinterviews das Spiel mit Sinn und Bedeutung im Kontext relevanter Beziehungserfahrungen ereignen kann. Dieser Setting-Vorschlag wird wiederum in das Gespräch mit dem Patienten eingebracht und mit ihm ausverhandelt. Wie der Patient diesen Vorschlag aufnimmt und wie er ihn nun in seinem Inneren verdaut, hängt von seinen Vorerfahrungen in den Erstgesprächen ab. Je ungehinderter der »Sturm« dort toben konnte und je besser dem Therapeuten die Navigation zwischen Expertentum/Sicherheit und Teilhabe/Unsicherheit gelang, umso eher wird sich der Patient auf die vorgeschlagene Reise einlassen; die folgenden zwei Beispiele sollen dies erläutern.

Der Jurist

Als verantwortlicher Vater kam er wegen Problemen mit seinen Söhnen und machte eine relevante Erfahrung im Erstgespräch. Der »Wechsel der Ebene« erlaubte ihm eine Erfahrung mit sich als Sohn, die seinen Spielraum erweiterte. Aus diagnostischer und prognostischer Sicht im Hinblick auf eine Indikation für ein psychoanalytisches Verfahren kann folgendes gesagt werden: Dieser Mann kann von einem psychoanalytischen Raum profitieren. In klassisch diagnostischer Sicht passt diese Erkenntnis zur Strukturdiagnose: ein gut strukturiertes, auf ödipalem Niveau funktionierendes Ich, eingeschränkt durch ein strenges Über-Ich mit hohen

Leistungsanforderungen. Der Patient ist flexibel und stark genug, um sich in einer auch durch das Über-Ich anerkannten Beziehung den widersprechenden libidinösen Aspekten zuzuwenden. Unbewusst bleibt die aggressive, von Konkurrenz geprägte und angstbesetzte Beziehung zur Autorität. Seine Aggressionen sind in einer fast sadistischen Unterdrückung des Lebendigen und damit Identifizierung mit einem unerbittlichen Über-Ich gebunden.

Es gäbe also durchaus Gründe, diesem Mann eine Psychoanalyse mit dem Ziel einer ausführlichen Entfaltung und Exploration seiner ganzen Person zu empfehlen. Aber dieser Vorschlag scheint mir sehr äußerlich und an der Frage Psychoanalyse, ja oder nein, orientiert zu sein. Viel besser passt in der aktuell schwierigen Lebenssituation mit seinen Söhnen zu diesem Mann eine Kurztherapie. Die unbewusste Bedeutung dieser Situation ist einigermaßen eingrenzbar als ein durch die Söhne hervorgerufenes unbewusstes Ungleichgewicht in seinem Inneren. Die Söhne mobilisieren seine Aggression und gleichzeitig seine Angst vor Auseinandersetzungen. In einem begrenzten Setting könnte dieser Konflikt, wie wir im Erstgespräch gesehen haben, in eine mildere Form gebracht werden. Die Probleme mit den Söhnen müssten sich dadurch verändern und die Auseinandersetzung mit ihnen eher möglich werden.

Andererseits könnte es auch sein, dass der Analytiker mit diesem Vorschlag einer ernsthafteren und weniger spielerisch endenden Auseinandersetzung mit diesem gewichtigen Mann und damit der gefährlichen Begegnung von Vater und Sohn und deren Reflexion aus dem Wege gehen will. Eine erneute Bearbeitung des Interviews in einer Balint-Gruppe würde über diese Hypothese mehr Aufschluss geben. Für unsere Zwecke genügt diese Vorstellung, um zu zeigen, dass die unbewusste Bedeutung der Vereinbarung im folgenden psychoanalytischen Prozess im Auge behalten werden sollte und dass nach deren Bearbeitung auch eine neue, andere Vereinbarung möglich sein sollte.

Herr H.

Dieser Mann kam wegen des »schwärzesten Tages seines Lebens« und seinem Wunsch, diesen »unbeschadet« zu überleben. Er bemerkte seine Hilflosigkeit, wenn auch in einem fast anklagenden Tonfall.

Nachdem sich in diesem Interview das traumatische Moment in einer für den Interviewer nicht mehr erträglichen schwierigen Passage aktualisierte, rettete sich dieser aus seiner Hilflosigkeit in die Position des Überlegenen, nahm sozusagen die »Uhr« wieder selbst in die Hand und fragte nach der Lebensgeschichte. Der Patient erzählte diese um seine narzisstische Problematik herum, ließ sich nicht aus dem Konzept bringen, differenzierte sein Dilemma und erläuterte unbewusst die Bedeutung der Ereignisse an diesem besonderen Tag.

Die Diagnose einer narzisstischen Persönlichkeitsstörung stimmt für eine Psychoanalyse nicht allzu hoffnungsvoll. Sie signalisiert, dass dieser Mensch es schwer haben wird, sich einem anderen und seinem eigenen Gedankenfluss auszuliefern, weil er doch die Dinge in der Hand behalten muss. Aber nun ist er da, anerkennt seine Hilflosigkeit, hat einen hohen Leidensdruck und bietet damit eine ideale Voraussetzung für eine Therapie, weil das unbewusste Thema aktualisiert und seine Abwehr durchbrochen ist. Zudem ist der Patient in der Lage, sein unbewusstes Thema sprachlich und szenisch sehr gut auszudrücken – vorausgesetzt das Gegenüber ist noch zum Verstehen in der Lage. Außerdem geht er eine Beziehung ein, die als Übertragung-Gegenübertragung gesehen werden kann: sich in einer narzisstischen Notlage an einen überforderten Helfer zu wenden, mag eine aus der frühen Kindheit stammende Erfahrung sein. Der Abwehrmechanismus der Projektion kann in diesem Übertragungskontext gesehen werden und mag nicht nur unreif, sondern phasengerecht sein, somit zum Zeitpunkt der Entstehung des Problems passen.

Diagnose, Übertragungs- und Symbolisierungsfähigkeit sprechen ebenso wie das mittlere Alter und die Lebensumstände des alleinstehenden und gut verdienenden Patienten für eine Psychoanalyse. Es bleibt aber die Frage offen, ob sich die psychoanalytische Situation mit diesen beiden Partnern herstellen lassen wird. Hypothetisch kann man sich vorstellen, dass der Analytiker durch das nachträgliche Verstehen der unbewussten Szene und durch seine hautnahe Erfahrung mit diesem Patienten, in der Lage sein wird, das unbewusste Dilemma der narzisstischen Beschädigung aufzugreifen und zu signalisieren, dass er, obwohl er diese Gefahren selber kennt, sich diesen zusammen mit dem Patienten stellen will. Auf jeden Fall wird es sehr darauf ankommen, ob es ihm in der nächsten Begegnung gelingt, in die unbewusste Beziehung wieder einzutreten und dem Patienten dennoch mit mehr Verständnis zu begegnen. Dabei denke ich nicht an ein »adaptives« Verfahren, sondern an einen äußersten Einsatz der psychoanalytischen Methode.

Wenn dem Analytiker diese Einsicht nicht gelingt, ist ein weniger gutes Ergebnis denkbar. Dieser Patient könnte als nicht tauglich für die Psychoanalyse angesehen werden, weil seine narzisstische Abwehr eine therapeutische Beziehung nicht zuließe und mit ihm deshalb das nötige Arbeitsbündnis nicht herstellbar wäre. Man könnte annehmen, dass eine solche Entscheidung stark von der unbewussten Beziehung getragen wird. Der ohnmächtig gemachte »Helfer« könnte aus seiner Kränkung und der Ablehnung eigener Kleinheit heraus unbewusst gegen den Patienten argumentieren.

Um die unbewusste Verstrickung des Analytikers in den Prozess zu untersuchen und seine Entscheidungen in diesem Kontext zu hinterfragen, kann eine psychoanalytische Gruppe, z. B. die Ambulanzkonferenz in den psychoanalytischen Ambulanzen, hilfreich sein. Dort kann der Balint'schen Gruppenmethode folgend erneut die unbewusste Beziehung im Hier und Jetzt der Gruppe entstehen und reflektiert werden. Ein Beispiel für diesen Prozess enthält ein Aufsatz von Schöpf (2010); eine ausführliche Würdigung der Bedeutung von Supervisionsgruppen in der psychoanalytischen Ambulanz und damit auch in der Ausbildung liefert Keuerleber (2010).

Die Indikationsstellung in Zeiten von Psychoanalyse, tiefenpsychologisch (TP) und/oder psychoanalytisch orientierter Psychotherapie (PoP)

Seit längerem in Deutschland und seit kürzerer Zeit in Österreich werden in psychoanalytischen Ausbildungsinstituten neben der Ausbildung zu PsychoanalytikerInnen Ausbildungsgänge zu tiefenpsychologisch fundierten oder psychoanalytisch orientierten PsychotherapeutInnen angeboten.[19]

19 Einen Überblick über praktizierte psychoanalytische Therapien und die Stellungnahmen dazu finden sich im Forum der Psychoanalyse, Band 20, Heft 1, März 2004.

Das Frankfurter Psychoanalytische Institut (FPI) zum Beispiel schreibt über die beiden Ausbildungsgänge auf seiner Homepage:

> Das Kernstück ist die Ausbildung zum Psychoanalytiker (DPV/IPV), die auch die sogenannte integrierte Ausbildung zum analytischen und tiefenpsychologisch fundierten Psychotherapeuten beinhaltet. Daneben wird seit 2006 ein eigenständiger, kompakter Ausbildungsgang zum tiefenpsychologisch fundierten Psychotherapeuten angeboten.

In Österreich gibt es in neuerer Zeit in Innsbruck, Salzburg und Wien eigene Ausbildungsgänge zum/r psychoanalytisch orientierten PsychotherapeutenIn (PoP) neben der Ausbildung zum/r PsychoanalytikerInnen. In Deutschland korrespondieren den verschiedenen Ausbildungen die Abrechnungskategorien bei den Kassen: analytische Therapie und tiefenpsychologisch fundierte Psychotherapie. In Österreich sind beide (Psychoanalyse und PoP) als eigenständige Therapierichtungen vom Bundesministerium für Gesundheit anerkannt und somit allen zugelassenen Therapierichtungen – es gibt derzeit sieben psychodynamisch orientierte neben den humanistischen, systemischen und verhaltenstherapeutischen Richtungen – gegenüber den Kassen gleichgestellt.

Ich konzentriere mich im Folgenden auf die beiden Ausbildungen zum/r PsychoanalytikerIn und zum/r psychodynamisch orientierten/r PsychotherapeutenIn und untersuche mögliche Folgen dieser Zweiteilung für die Indikationsstellung. Neben den klinisch therapeutischen Überlegungen dazu, werden auch die möglichen Konkurrenzbedingungen bedacht.

Zunächst aber fasse ich meine Überlegungen zum Konzept des psychoanalytischen Tuns zusammen, um damit Gemeinsamkeiten und Besonderheiten der beiden Richtungen inhaltlich abzustecken und daran anschließend die Konkurrenzsituation, in der sich die Richtungen befinden, zu beleuchten (vgl. Laimböck 1994, 2013 a und b, 2015).

Stellt man sich, wie ich es vorschlage, das psychoanalytische Tun als Verstehen einer Szene mit dem Ziel, deren unbewusste Hintergründe zu

---

Eine Übersicht über die gebräuchlichen Setting-Varianten gibt Mertens (1993). Die intersubjektive Orientierung des Autors in unterschiedlichen Zusammenhängen liegt im Trend meiner Überlegungen (Mertens 2009).

entfalten, vor, so kann dies in verschiedenen Rahmungen geschehen, wie zum Beispiel im Erstgespräch. Szene, könnte man sagen, ereignet sich in jedem psychoanalytischen Setting, ihre Hintergründe liegen aber nicht offen vor. Sie entfalten sich nur interpretativ. Geschult, Brüche und Lücken in der Szene zu registrieren und dem allzu Offensichtlichen zu misstrauen, machen sich psychoanalytische TherapeutInnen mit Hilfe eines spielerischen Umgangs mit dem Material daran, die weniger offensichtlichen Gründe in der Szene zu erforschen und auch darüber zu sprechen.

Ich habe an anderer Stelle ausgeführt, wie sich dieses abstrakte Konzept psychoanalytischer Hermeneutik in verschiedenen Rahmenbedingungen konkretisiert (Laimböck 2015a, S. 71–149; 2015b). Der Unterschied zwischen den Settings ergibt sich danach nicht durch ein mehr oder weniger an psychoanalytischer Methode, sondern durch eine dritte Dimension, die festlegt, auf welche Folie hin die erfahrene und gedeutete Beziehungsdynamik zusammengefasst wird. Bespielhaft erwähne ich hier einige dieser Folien wie sie sich für die verschiedenen Settings anbieten: die Lebensgeschichte für die Psychoanalyse, die aktuell schwierige Lebenssituation für die Kurztherapie und der zentrale unbewusste Konflikt für die Fokaltherapie. Die verstandenen Versionen des unbewussten szenischen Geschehens werden mit diesen vorab festgelegten Themen verknüpft und in einen sinnvollen Zusammenhang gebracht. Die Besonderheit therapeutischen Arbeitens in den verschiedenen Settings ist durch die, dem analytischen Prozess gegenüberstehenden, ihm nicht eigenen, eigentlich fremden Themen, auf die hin die verstandenen Szenen zusammengefasst werden, charakterisiert.

Setting-Varianten ergeben sich auch durch unterschiedliche therapeutische »Subjekte«. Ich erwähne hier der Kürze wegen das Gruppensetting, in dem der Patient »Gruppe« oder das Paarsetting, in dem das Subjekt »Paar« konzipiert werden muss. Diese unterschiedlichen Subjekte lassen sich mit den verschiedenen Folien kombinieren, eine Kurztherapie mit einem Paar mit der Folie »aktueller unbewusster Konflikt« zum Beispiel. [20]

---

20 In einem Band der Zeitschrift *Texte. Psychoanalyse. Ästhetik. Kulturkritik.* (Heft 4, 2015) stellen Psychoanalytikerinnen die so verstandene Anwendung der psychoanalytischen Hermeneutik in einer Gruppenselbsterfahrung (De Col), im psychosozialen Feld (Egger-Habib), einer Fokaltherapie (Walser-Luhan),

Aus diesem Konzept ergeben sich Schwerpunkte für die Ausbildung der verschiedenen psychoanalytischen TherapeutInnen neben der für alle notwendigen Sozialisierung der psychoanalytischen Methode.[21] Die zukünftigen PoP-TherapeutInnen in Innsbruck erhalten zum Beispiel eine besondere Schulung darin, neben der freischwebenden Aufmerksamkeit und dem freien Spiel mit dem Material, eine inhaltliche Zentrierung vorzunehmen und durchzuhalten.

Mit der vorgestellten Sicht lässt sich die Auseinandersetzung zwischen den beiden Richtungen aus der Sackgasse der Frequenzdebatte führen (vgl. DPV-Info März 2019). Die, wie mir scheint, etwas ausweglose Situation entsteht durch die Verknüpfung von psychoanalytischer Methode und Frequenz, im Sinne von mehr oder weniger psychoanalytisch. Polemisch ausgedrückt, geht es bei dieser Art Verteidigung der Hochfrequenz als Markenzeichen und Goldstandard der Psychoanalyse darum, die Niederfrequenz als »Versilberung«, wenn nicht gar »Legierung« der Methode darzustellen. Nicht polemisch geht es um die notwendige Begründung unterschiedlicher Frequenzen auf dem Hintergrund unseres Fachwissens. Aufgeheizt wird diese Debatte durch die vorgesehene Änderung des Eitingon-Modells in der Ausbildung zum/r PsychoanalytikerIn in der IPA (vgl. Bohleber 2019). Die psychoanalytische Methode kann mit dem vorgestellten Konzept als das Markenzeichen aller psychoanalytischen Therapien gelten, ohne die spezifischen Zusatzqualifikationen in den verschiedenen Anwendungen zu unterschlagen.

Dies führt zurück zum psychoanalytischen Erstgespräch und der Notwendigkeit aus ihm eine begründete Setting-Variante abzuleiten.

Neben der Notwendigkeit für AnalytikerInnen, TP- und PoP-TherapeutInnen das psychoanalytische Wahrnehmen und Denken zu praktizieren, dürfen beide Gruppen nach dem Erstgespräch nicht aus dem Auge verlieren, dass es die Angebote der jeweils anderen Gruppe gibt. Durch die

---

einer niederfrequenten Therapie (Pirchner) und einem Erst- und Zweitgespräch (Usak-Sahin) vor. Pollak untersucht den Verstehensprozess in Fallseminaren in der Ausbildung. Laimböck (1995) zeigt an anderer Stelle die Anwendung in einer Paarkurztherapie.

21 Im Innsbrucker Arbeitskreis für Psychoanalyse (IAP) wurde die Gelegenheit wahrgenommen, ein Curriculum für PoP zu entwickeln, das dieser Sichtweise angepasst ist.

praktische Aufteilung der TherapeutInnen verschärft sich die Frage nach dem angemessenen Setting, denn spätere Änderungen sind weitgehend ausgeschlossen. Zudem findet die Entscheidung für ein bestimmtes Setting für einige im Konkurrenzmodus statt, zumindest für die TP-TherapeutInnen in Deutschland, die die klassische Psychoanalyse nicht abrechnen können. Mit der Setting-Entscheidung kann eine Überweisung des/r PatientenIn an eine/n anders ausgebildete/n TherapeutenIn nötig werden. In Österreich ist die Situation etwas anders. Da die Kassen, keine Unterscheidungen für die Abrechnung vorgeben, kann theoretisch jede/r TherapeutIn, gleich welcher Richtung, jede/n Patienten/in in jedwedem Setting behandeln. TherapeutInnen konkurrieren somit mit jedem/r TherapeutenIn um PatientInnen.

Auch wenn sich die Konkurrenz demnach nicht für alle psychoanalytischen TherapeutInnen in gleichem Maße stellt, so fordert die inhaltliche Unterscheidung durch die verschiedenen Ausbildungsgänge doch ein differenzierteres Denken bezüglich der Therapieangebote.

So wird durch diese Aufteilung die Indikation für die klassische Psychoanalyse mit ihrer Hochfrequenz und Dauer vermehrt ins Zentrum der Aufmerksamkeit gerückt. »Unter der erfahrungsmäßig […] gut begründeten Prämisse, dass es eine zureichende Indikationsbasis für hochfrequente Behandlung gibt […].« (Schneider 2019, S. 23; vgl. auch Danckwadt & Gattig 1996 und Henseler & Wegner 1993) wäre es unethisch, PatientInnen diese Behandlungsmöglichkeit vorzuenthalten, nur weil man darin nicht ausgebildet ist. Die Indikation für eine hochfrequente Psychoanalyse muss also auch im Spektrum der psychodynamisch orientierten TherapeutInnen vorhanden sein und bleiben, auch wenn ihnen dadurch PatientInnen verloren gehen.

Das Beispiel von »Herrn H.« in diesem Buch (Kapitel V), auf das ich hier nochmals zurückkomme (vgl. auch das Abschnitt: »Indikation und unbewusster Prozess«, S. 118) ist als Illustration für die Empfehlung einer hochfrequenten Analyse geeignet. Der 30-jährige Mann, der den »schwärzesten Tag seines Lebens« erfahren hat, stellt im Erstgespräch einen katastrophalen Zusammenbruch seines Selbst szenisch dar und veranlasst den Therapeuten, sich, wie es der Patient bisher selbst getan hat, in sichere Gefilde zu retten, anstatt diese innere Katastrophe an sich heranzulassen und die entsprechende Ohnmacht und Hilflosigkeit auch für den Patienten zu empfinden. Die Analyse der Szene verweist auf eine aus früher Kindheit stammende narzisstische Wunde, zu deren Kompensation der Patient seine Persönlichkeit und sein Leben gestaltet hat. Man kann annehmen, dass die berichteten Katastrophen nicht alle an einem Tag passierten, aber dass der Patient mit dieser zeitlichen Komprimierung deutlich machen will, dass einzelne Ereignisse verkraftbar sind, aber nicht deren Massierung. Er verweist auf ein kumulatives Trauma. Um ihm eine größere Freiheit für seine Entfaltung zu ermöglichen, ist eine lange Analyse nötig, in der sich die frühen Traumata abbilden oder gar ereignen können, um nachträglich in eine Geschichte eingewoben zu werden, so dass eine andauernde Kompensation dieser Wunden unnötig wird. Seine Inszenierung im Erstgespräch spricht dafür, dass sein Trauma in die Behandlungsszene kommt und dort langfristig behandelt werden kann.

Um die Komplexität der Indikationsstellung zu erläutern, stelle ich im Folgenden für diesen Patienten eine andere mögliche Entscheidung vor:

Der »schwärzeste Tag seines Lebens« wurde bisher als Metapher für einen katastrophalen Zusammenbruch verwendet. Dieser Metapher liegen aber doch reale Ereignisse zugrunde. An einem Tag habe sich die Freundin von ihm getrennt, die Oma sei verstorben und im Zusammenhang mit seinen beruflichen Pflichten sei ein Patient gestorben. Geht man von der Realität dieser Ereignisse aus und lässt sie nicht nur als Verweis stehen, so kann man diese als eine Lebenskrise sehen, deren unbewusste Bedeutung zu einem Zusammenbruch, beziehungsweise zu Symptomen geführt haben. So gesehen könnte man auch an eine begrenzte Psychotherapie denken. Es ginge dann um diese Lebenskrise und die Herausarbeitung ihrer unbewussten Bedeutung. Nicht die gesamte Lebensgeschichte, beziehungsweise die Erzählung oder Um-Erzählung seines komplexen Lebens wäre das Ziel, sondern die der aktuellen Ereignisse. Auch in diesem Rahmen würde die Bedeutung dieser Ereignisse als eine In-frage-Stellung seines Selbstwertgefühls, seiner narzisstischen Größe und Kompetenz thematisiert, wogegen er sich verwehrt, indem er weiterhin Größe, Geschäftigkeit und Unabhängigkeit demonstriert. Man würde ihm eine begrenzte psychoanalytische Therapie mit dem Fokus auf die aktuell schwierige Lebenssituation anbieten, um herauszufinden, warum ihn diese Ereignisse so treffen, dass er sie nicht mehr mit seinen gewohnten und vorhandenen Mitteln bewältigen kann, sondern zu Symptomen greifen lässt.

Warum erscheint mir dieser Vorschlag zwar vordergründig schlüssig, aber doch unangemessen, beziehungsweise unrealistisch? Da ist zuerst die Erfahrung mit diesem Patienten im Erstgespräch: Nicht einmal der Analytiker war bereit oder fähig, sich diesem »schwarzen Tag« und den dazugehörigen Gefühlen zu stellen. Das verweist meines Erachtens auf eine tiefe Verankerung der Selbstproblematik des Patienten in seiner Persönlichkeit und ein tatsächlich gefährliches schwarzes Loch in seinem Inneren, dem man sich nur sehr zögerlich, wenn überhaupt nähern will. Es braucht also Vorsicht, Zeit und Geduld. Die »Auswahl« der ihn im Stich lassenden Objekte – Oma, Freundin und anvertrauter Patient – verweisen auf eine aktuelle, aber vermutlich frühe Erschütterung in allen relevanten Bereichen: die primären Objekte sind unsicher, Freundeskreise nicht stabil und die leistungsbezogenen Zusammenhänge erscheinen unkontrollierbar. Biographische Angaben des Patienten unterstützen diese Hypothese. Die Ereignisse im Erstgespräch lassen eine schwierige und langwierige Beziehungsgestaltung erwarten, in der Vertrauen, Sicherheit und Wut eine große Rolle spielen werden und zudem die Einfühlung des Analytikers aufgrund des provozierenden und hochmütigen Verhaltens des Patienten auf eine harte Probe gestellt werden wird. All dies lässt sich in einer fokussierten kürzeren Therapie kaum entwickeln. Der Patient selbst wäre eventuell mit dem Vorschlag einer begrenzten niederfrequenten Therapie sehr einverstanden, würde er doch seinem überheblichen Anspruch, die Probleme angesichts seiner Wichtigkeit und Größe schnell und effizient zu beheben, entgegenkommen. Der Vorschlag einer hochfrequenten langen Analyse würde vermutlich auf Widerstand stoßen, müsste vielleicht in einer vorläufigen Behandlung erst erwogen werden. Dennoch ist anzunehmen, dass der verletzte Teil im Inneren des Patienten ein solches Angebot mit großen Hoffnungen und zugleich großer Angst vor erneutem Verlassen-Werden begrüßen würde. Eine Empfehlung für eine lange Analyse müsste in diesem Fall mit großem Nachdruck gemacht werden und mit Geduld verbunden sein.

Man sieht an diesem Beispiel, dass die Entscheidung für eine hochfrequente oder niederfrequente Behandlung immer einen Rest der Unsicherheit birgt. Hier gibt es keine eindeutigen Kriterien, aber gute Gründe für das eine oder andere. In diesem Fall erscheint mir die Empfehlung einer langen Analyse richtig.

Umgekehrt muss sich auch der bzw. die PsychoanalytikerIn angesichts seiner bzw. ihrer TP-KollegInnen, die eine spezielle Ausbildung für das Arbeiten in komprimierteren Settings und in Mehr-Personen-Settings haben, fragen, ob er bzw. sie nicht in Fällen von angezeigten kürzeren Therapien oder der Behandlung in einem Mehr-Personen-Setting eine Überweisung des bzw. der PatientenIn angebracht wäre. Denn es ist nicht ganz so selbstverständlich, dass jede/r PsychoanalytikerIn auch die entsprechende Zentrierung in einer Kurztherapie oder zum Beispiel die Konzipierung eines Subjekts »Gruppe« neben dem psychoanalytischen Tun beherrscht.

Das Beispiel von Frau Sch. in diesem Buch (Kapitel III und IV) soll zeigen, wie und warum dieser Frau eine zeitlich begrenzte und auf ein Thema fokussierte Therapie von der Erstinterviewerin empfohlen wurde.

Frau Sch. kam zum Erstgespräch, weil – so ihre erste Information – ihr Mann »gar nicht mehr für sie da sei« und sie glaube, sie müsse deshalb diese Beziehung beenden. Aus der Kenntnis des ganzen Gesprächs ist es interessant, dass diese Patientin zu allererst eine nötige Trennung thematisiert. Denn am Ende des Gesprächs wissen wir, dass ihre Mutter todkrank ist und deshalb eine Trennung von ihr bevorsteht, die, so ist aus dem Verlauf zu schließen, die eigentlich relevante Trennung sein wird. Sie hat eine Trennung vorgeschoben, die, anders als die Trennung durch Tod der Mutter, immerhin in ihrem eigenen Ermessen liegt. Sie hat in diesem Fall eine Wahl. Daraus können wir entnehmen, dass der bevorstehende Tod ihrer Mutter in seiner Endgültigkeit und Unausweichlichkeit für die Patientin eine besondere, konflikthafte und ängstigende Komponente hat, die sie zu diesem Versteck-Manöver veranlasst hat. Frau Sch's Mutter war für das kleine Mädchen, das sie einmal war, schwer zu erreichen. Sie war eine viel beschäftigte Geschäftsfrau, die wenig Zeit und Sinn für anderes als Geschäfte hatte. In erzählten Szenen mit ihrem Mann und in der aktuellen Szene im Erstgespräch entfaltet sich eine solche Mutter-Kind-Situation: Die Patientin ist laut, aufdringlich, in Eile, als müsse sie mit Gewalt die Aufmerksamkeit der Interviewerin erreichen. Darin agiert sie als kleine Tochter, die weiß, dass sie nur schwer ein wenig Zeit bekommen wird. Zugleich verhält sie sich wie die Mutter als Geschäftsfrau, denn sie hat übernommen, dass das der richtige Weg ist, um etwas zu erreichen. Wir sehen also ein kleines Mädchen, das mit den Methoden seiner Mutter endlich Aufmerksamkeit und Anerkennung will. Die Inszenierung dieser Mutter-Tochter-Szene und ebenso die Übertragung auf ihren Mann, lassen erkennen, dass dieses Kapitel ihrer Kindheit noch nicht abgeschlossen ist, sie immer noch auf der vergeblichen Suche nach dieser Anerkennung durch die Mutter ist. Die bevorstehende endgültige Trennung durch die Mutter gibt dieser immer wiederholten und verschobenen Sehnsucht die besondere dringliche Note: In ihrem Innenleben herrscht höchster Alarm im Sinne von jetzt oder nie und zugleich höchstes Veränderungspotenzial, wenn es ihr gelingen könnte, sich noch rechtzeitig zu verabschieden, abzufinden und zu trauern, anstatt diese drängende, zu keinem Gefühl und Gedanken Platz lassende Geschäftigkeit und Anklage fortzuführen. Der Abschluss des Erstgesprächs weist in eine positive Richtung. Denn das Innehalten schaffte Raum, der vielleicht mit Trauer über die damalige Situation und mit deren Neubewertung aus jetziger Sicht ausgefüllt werden kann.

In diesem Fall ist eine psychoanalytische Kurztherapie sehr angezeigt: Die aktuell schwierige Lebenssituation dieser Patientin ist die schwere Krankheit der Mutter und deren baldiger Tod. Man sieht, dass diese Lebenskrise erst mit der Patientin entdeckt werden muss, denn sie verbirgt sie noch hinter einer anderen, weniger dramatischen Situation mit ihrem Mann. Gelingt dies – wonach es nach diesem ergiebigen Erstgespräch aussieht – so kann ein begrenztes Setting gewählt und vermutlich angenommen werden. Die zeitliche Begrenzung der Therapie passt zu der Realität der zeitlichen Begrenzung der Mutter-Tochter-Beziehung und stellt somit den adäquaten Rahmen für das aktuelle unbewusste Drama dar: Ich, das kleine Mädchen will jetzt mit aller Macht, weil das Ende naht, die Mutter dazu bewegen, meine Wünsche und Gaben anzuerkennen und mir Zeit zu widmen. Ich werde also meine Anstrengungen steigern. Aus dem Erstgespräch wissen wir, dass dieses Vorgehen das Gegenteil erreicht, nämlich ein erneutes Scheitern der erwünschten echten Begegnung. Eine Einstellung auf diese hintergründige Szene in den folgenden Therapiestunden kann ein Innehalten bewirken und eine andere Abschiedsszene ermöglichen – wie wir am Ende des Erstgesprächs gesehen haben. Man könnte fast annehmen, dass der Verlauf der Szene im Erstgespräch, den möglichen Verlauf einer kürzeren Therapie vorwegnimmt und einen guten Ausgang signalisiert.

Dieses Setting passt zu dieser Patientin in dieser spezifischen Situation. Es verlangt von der Therapeutin, dass sie den damit gesetzten inhaltlichen

Rahmen einhält, auch wenn zum Beispiel andere, neue unbewusste vergangene Bezüge auftauchen. Die innere Situation des kleinen Mädchens war natürlich komplexer und es ist anzunehmen, dass sich diese Komplexität in einem kurzen, aber freien Rahmen auch entfaltet. Es ist dann Aufgabe auch diese Facetten aufzunehmen und in einen relevanten Zusammenhang mit dem aktuellen Thema zu bringen. Nehmen wir an, es tauchen der Vater und/oder die Geschwister auf, dann gilt es auch diese Personen und Beziehungen in einen Zusammenhang mit der Mutter-Tochter-Beziehung zu stellen und damit die Bedeutung der notwenigen Trennung anzureichern. Das heißt, ödipale Themen und frühe Erfahrungen bekommen Raum, werden aber in einen sinnhaften Zusammenhang mit der unbewussten Bedeutung der aktuell schwierigen Lebenssituation gestellt. Sollte sich ein Wunsch nach mehr anzeigen, so ist dem nicht nachzugeben, denn die Erfüllung dieses Wunsches wäre in diesem Kontext ein Agieren des unbewussten Wunsches nach Dauer und eine Trennungsvermeidung. Das Veränderungspotenzial einer so zugespitzten dramatischen inneren Konfliktlage in einer schwierigen Passage in der Therapie würde verspielt.

Es soll aber erwähnt werden, dass auch dieser Patientin eine lange Analyse empfohlen werden könnte, denn natürlich sind ihre aktuellen Probleme in ihre Persönlichkeit eingebettet und mit anderen Komplexen derselben vernetzt. Es gäbe vermutlich viel zu entdecken, zu analysieren und zu verändern. Auch ihre Übertragungs- und Wandlungsfähigkeit hat sie im Erstgespräch bewiesen. Aber angesichts der aktuellen Gegebenheiten erschiene mir dieser Vorschlag unangebracht, ja unethisch. Er würde die tatsächliche Dringlichkeit angesichts des bevorstehenden Todes der Mutter leugnen und damit eine nur jetzt mögliche Beziehungserfahrung mit ihr eher ausschließen.

Zusammenfassend lässt sich sagen, psychoanalytische TherapeutInnen sind angesichts der Notwendigkeit, im Kassenverfahren eine bestimmte [...]Therapie zu beantragen und diese aus therapeutischen Gründen ohne Setting-Änderung auch durchzuhalten, vermehrt in der Verantwortung, zu Anfang die angemessenen Weichen zu stellen. Setting-Änderungen sind nicht leicht möglich und innerhalb des einmal gewählten Rahmens oft als ein Agieren anzusehen. Jede/r TherapeutIn muss sich vermehrt um seine bzw. ihre ethische Einstellung kümmern, denn er bzw. sie neigt vielleicht angesichts der Notwenigkeit Geld zu verdienen dazu, die Therapie zu empfehlen, die in seinem bzw. ihrem Angebotsspektrum liegt. Gerade, weil es keine eindeutigen Indikationskriterien gibt, stellt sich diese Gewissensfrage verstärkt.

Abschliessende Überlegungen

Eine sichere Indikation für psychoanalytische Behandlungen gibt es nicht. Die Entscheidung für ein bestimmtes Setting ist die Folge einer bewussten Abwägung verschiedenster Informationen. Sie ist gleichzeitig Teil des unbewussten Interaktionsprozesses und somit mit einer Bedeutung behaftet, die manchmal erkannt wird und manchmal zunächst unerkannt bleibt. Jede Überlegung zu einer Indikation und die dabei angeführten relevanten Informationen (diagnostische, prozessorientierte und Informationen über die realen Lebensumstände) haben deshalb eine aus der unbewussten Beziehung stammende Bedeutung und somit eine Kehrseite.

Der Analytiker bewegt sich deshalb bei der Indikationsstellung – und nicht nur dort – auf unsicherem, schwankenden Boden. Diese Unsicherheit muss er akzeptieren und auch unter diesen Umständen eine möglichst gut begründete Entscheidung treffen. Die Anerkennung des Nicht-Wissens oder Noch-nicht-Wissens ist dabei eine Voraussetzung dafür, dass in einer folgenden Behandlung die Setting-Entscheidung, wie anderes Material auch, im analytischen Prozess verwendet werden kann. Auf diesem Weg kann deren unbewusste Bedeutung offenbar werden. Dies muss nicht, kann aber zu einer Veränderung des Settings führen, wenn sich nach einer emotionalen Erkenntnis herausstellt, dass ein anderes, günstigeres Setting möglich ist.

Da nach meiner Ansicht die psychoanalytische Methode in jedem Setting anzuwenden ist, verliert die Beibehaltung des Settings oder dessen Veränderung an Bedeutung. Die eigentliche Arbeit wird in jedem Fall fortgesetzt, und es ist anzunehmen, dass wegen der Unterordnung des Settings unter die Methode die Festlegung oder Veränderung kein alles entscheidender Wendepunkt wird.

Der Analytiker bewegt sich also auch bei der Indikationsstellung, wie in jeder schwierigen Situation, zwischen Skylla und Charybdis: Als Experte muss er eine hinreichend begründete Entscheidung treffen, zumal wenn er im Gesundheitssystem arbeitet. Er muss sich aber trotz seines Expertentums über den unbewussten Anteil, der sich seinem Wissen entzieht, im Klaren bleiben. Er muss anerkennen, dass er Kräften ausgeliefert ist, die er in diesem Moment nicht beherrscht. Wie in einer schwierigen Passage besteht die Gefahr darin, die Unsicherheit durch übertriebene Objektivierung und Expertenwissen zu verleugnen oder darin, das begründete Nicht-Wissen aufgrund der unbewussten Dynamik dazu zu benutzen, sich der bewussten rationalen Arbeit der Indikationsbegründung weitgehend zu entziehen. Die Arbeit an unbewussten Prozessen erfordert einen Rahmen, auch wenn dieser nicht auf dem Fundament unverrückbarer Gewissheit ruht.

IX. Kapitel

Zusammenfassung

Das psychoanalytische Erstgespräch ist ein offener, unstrukturierter Handlungsdialog (Klüwer 1983, S. 828–840), dessen Ziel es ist, die unbewusste Persönlichkeit und die aktuellen unbewussten Konflikte des Patienten in einer Zweipersonen-Szene zur Darstellung kommen zu lassen. Die dialogische Struktur besagt, dass von Anfang an das therapeutische Moment gleichberechtig neben dem diagnostischen steht.

Die theoretische Begründung für ein solch explizit psychoanalytisches Vorgehen bereits im Erstgespräch liegt in der Realität von Übertragungsprozessen, deren Wahrnehmung an eine bestimmte Methode gebunden ist. Eine wirklich begründete, sprich »wahre« Diagnose kann sich nur auf die Erkenntnis dieser aktualisierten unbewussten Persönlichkeitsbereiche stützen.

Dieses, der psychoanalytischen Methode verpflichtete Interview wird von sogenannten psychoanalytisch orientierten, halboffenen oder strukturierten Verfahren abgegrenzt, die zwar die psychoanalytische Theorie als Hintergrund verwenden, jedoch nur noch bedingt oder gar nicht die psychoanalytische Methode anwenden.

Wesentliche Merkmale des psychoanalytischen Erstgesprächs werden vorgestellt und diskutiert.

So ist die Eingangsszene oft eine besonders plastische Inszenierung bestimmter unbewusster Persönlichkeitsanteile und aktueller Konflikte, deren diagnostische Implikationen nicht unterschätzt werden sollten. Sie ist die Einleitung zu einem Drama, das in einer Zweipersonenbeziehung wesentliche innere Bewegungen und Niederschläge von Beziehungen aktualisiert. Auch Patienten mit schweren Störungen und Traumata stellen ihr unbewusstes Schicksal in der aktuellen Szene dar, was besondere Anforderungen an die psychisch-therapeutischen Fähigkeiten des Psychoanalytikers stellt.

Diese im Erstgespräch gewonnenen subjektiven und situativen Informationen können im Nachhinein erneut nach klinischen Gesichtspunkten befragt und sortiert werden. Dabei findet der Analytiker in einem wechselseitigen Suchprozess die »passende« Theorie, die die aktuellen Daten in eine theoretische Sprache übersetzt und möglichst viele Fakten in einem sinnvollen Ganzen verbindet.

Da das Erstgespräch bereits einen psychotherapeutischen Aspekt hat, der Analytiker sich also mit seiner Methode einmischt, werden die Interventionen im Erstgespräch untersucht. Sie unterscheiden sich durch nichts von denen einer psychoanalytischen Behandlung, bekommen lediglich durch ihre Einbettung in eine allererste Begegnung ohne gemeinsames Deutungswissen ihre besondere Brisanz. Es folgt eine kritische Beleuchtung der Bedeutung von Fragen im Erstgespräch, weil sie, obwohl sie bei diesem Vorgehen keine besondere Rolle spielen, eine häufige Interventionsart sind. Besonders auf ihren manipulativen Charakter wird hingewiesen.

Auch die Indikationsstellung ist in den Beziehungsprozess eingebettet. Deshalb ist jede Indikation auch auf ihre unbewusste Bedeutung zu hinterfragen und gegebenenfalls zu ändern.

Literatur

Altmeyer, M. & Thomä, H. (2006): Die vernetzte Seele. Die intersubjektive Wende in der Psychoanalyse. Klett-Cotta: Stuttgart.

Arbeitskreis OPD (Hrsg.) (1996): Operationalisierte psychodynamische Diagnostik. Hans Huber: Bern, Göttingen, Toronto, Seattle.

Argelander, H. (1966): Die Psychodynamik des Erstinterviews. In: Psyche – Z Psychoanal, 20, S. 40–53.

Argelander, H. (1970a): Das Erstinterview in der Psychotherapie. Wissenschaftliche Buchgesellschaft: Darmstadt.

Argelander, H. (1970b): Die szenische Funktion des Ichs und ihr Anteil an der Symptom- und Charakterbildung. In: Psyche – Z Psychoanal, 24, S. 325–345.

Argelander, H. (1981): Der Beginn des ärztlichen Gesprächs als Erkenntnisquelle. In: Jahrbuch der Psychoanalyse, Beiheft 6, S. 112–122.

Argelander, H. (1982): Der psychoanalytische Beratungsdialog. Vandenhoeck & Ruprecht: Göttingen.

Argelander, H. (1991): Der Text und seine Verknüpfungen. Springer: Berlin, Heidelberg, New York

Argelander, H. (1978): Das Psychoanalytische Erstinterview und seine Methode. Ein Nachtrag zu Freuds Fall »Katharina…« In: Psyche – Z Psychoanal, 32, S. 1089–1098.

Balint, M. (1961): Psychotherapeutische Techniken in der Medizin. Huber/Klett: Bern, Stuttgart.

Balint, M. (1975): Fünf Minuten pro Patient. Suhrkamp: Frankfurt a. M.

Balint, M., Ornstein, P. H. & Balint, E. (1972): Fokaltherapie. Ein Beispiel angewandter Psychoanalyse. Suhrkamp: Frankfurt a. M. 1973.

Bodenheimer, A. R. (1984): Warum? Von der Obszönität des Fragens. Reclam: Stuttgart, 1994.

Böhle, A. (1993): Über psychoanalytische Deutung. In: Forum der Psychoanalyse, S. 240–255

Böhme, G. (1988): Der Typ Sokrates. Suhrkamp: Frankfurt a. M.

Böllinger, L. (1979): Psychoanalyse und die Behandlung von Delinquenten. C. F. Müller: Heidelberg, Karlsruhe.

Bohleber, W. (2019): Zur Geschichte des Eitingon-Models und seiner Bedeutung für die psychoanalytische Ausbildung. In: Psyche – Z Psychoanal, 73, S. 477–496.

Brenner, C. (1955): Grundzüge der Psychoanalyse. S. Fischer: Frankfurt a. M., 1968.

Brandl, Y., Bruns, G, Gerlach, A., Hau, S., Janssen, P. L., Kächele, H., Leichsenring, F., Leuzinger-Bohleber, M., Mertens, W., Rudolf, G., Schlösser, A.-M., Springer, A., Stuhr, U & Windaus, E. (2004): Psychoanalytische Therapie. Eine Stellungnahme für die wissenschaftliche Öffentlichkeit und für den Wissenschaftlichen Beirat Psychotherapie. In: Forum Psychoanal, Band 20, Heft 1, S. 13–125.

Brooks Brenneis, C. (1998): Gedächtnissysteme und der psychoanalytische Abruf von Trauma-Erinnerungen. In: Psyche – Z Psychoanal, 52, S. 801–823.

Caligor, E., Stern, B. L., Hamilton, M., MacCornack, V., Winiger, L., Sneed, J. & Roose, S. P. (2009): Why we recommend analytic treatment for some patients and not for others. In: JAPA, 57/3, S. 677–694.

Chasseguet-Smirgel, J. (1964): Psychoanalyse der Weiblichkeit. Suhrkamp: Frankfurt a. M., 1974.

Danckwardt, J. F. & Gattig, E. (1996): Die Indikation zur hochfrequenten analytischen Psychotherapie in der vertragsärztlichen Versorgung. frommann-holzboog: Stuttgart-Bad Cannstatt.

Dantlgraber, J. (1982): Analysierbarkeit und Gegenübertragung. In: Psyche – Z Psychoanal, 36, S. 193–223.

De Col, Chr. (2015): Die psychoanalytische Methode in der Gruppentherapie/Gruppenanalyse. In: texte psychoanalyse. ästhetik. kulturkitik, S. 40–56.

De Masi, F. (2003): Das Unbewusste und die Psychosen. Einige Überlegungen zur psychoanalytischen Theorie der Psychosen. In: Psyche – Z Psychoanal, 57, S. 1–34.

Diagnostisches und statistisches Manual psychischer Störungen, übersetzt nach dem Diagnostic and statistical manual of mental disorders der American Psychiatric Association (1991). Hogrefe: Göttingen, Bern, Toronto, Seattle.

Döll-Hentschker, S., Reerink, G., Schlierf, C. & Wildberger, H. (2008): Psychoanalyse in der Psychotherapie: Das Privileg der Frequenzwahl. In: Dreyer, K.-A. & Schmidt, M. G. (Hrsg.): Niederfrequente psychoanalytische Psychotherapie. Klett-Cotta: Stuttgart, S. 144–168.

Drews, S.& Brecht, K. (1975): Psychoanalytische Ich-Psychologie. Suhrkamp: Frankfurt a. M.

Dreyer, K.A. und Schmidt, M. G. (2008): Zur Entwicklung der Technik in der niederfrequenten psychoanalytischen Psychotherapie. In: Dreyer, K.-A. und Schmidt, M. G. (Hrsg.)

Dreyer, K.-A. & Schmidt, M. G. (Hrsg.) (2008): Niederfrequente psychoanalytische Psychotherapie. Klett-Cotta: Stuttgart.

Eckstaedt, A. (1991): Die Kunst des Anfangs. Psychoanalytische Erstgespräche. Suhrkamp: Frankfurt a. M.

Egger-Habib, Y. (2015): Die psychoanalytische Methode im sozialen Feld – Familie. In: texte psychoanalyse. ästhetik. kulturkritik, S. 24–39.

Fenichel, O. (1945): Psychoanalytische Neurosenlehre, Band 1–3. Übers. K. Laermann. Ullstein: Frankfurt a. M., Berlin, Wien, 1983.

Fliri, T. (2010): »Geht ja doch!« – ein Auftakt. In: texte. psychoanalyse. ästhetik. kulturkritik. H. 4.

Freud, S. (1895): Studien über Hysterie. GW Bd. I.

Freud, S. (1905): Psychische Behandlung (Seelenbehandlung). GW Bd. V, S. 287–315.

Freud, S. (1910): Über Psychoanalyse. GW Bd. VIII, S. 1–61.

Freud, S. (1912): Zur Dynamik der Übertragung. GW Bd. VIII, S. 364–374.

Freud, S. (1913): Zur Einleitung der Behandlung. GW Bd. VIII, S. 453–478.

Freud, S. (1925): Einige psychische Folgen des anatomischen Geschlechtsunterschieds, GW Bd. XIV, S. 17–30.

Foulkes, S. H. (1974): Gruppenanalytische Psychotherapie. Kindler: München.

Gill, M., Newman, R. & Redlich, F. C. (1954): The initial interview in psychiatric practice. Int. Uni. Press: New York.

Greenson, R. R. (1967): Technik und Praxis der Psychoanalyse. Klett: Stuttgart 1973.

Grubrich-Simitis, I. (1995): Urbuch der Psychoanalyse: »Die Studien über Hysterie«. In: Psyche – Z Psychoanal, 49, S. 1117–1155.

Grünbaum, A. (1987): Psychoanalyse in wissenschaftstheoretischer Sicht. Universitätsverlag: Konstanz.

Habermas, J. (1968): Das szientistische Selbstmissverständnis der Metapsychologie. Zur Logik allgemeiner Interpretation. In: Erkenntnis und Interesse. Suhrkamp: Frankfurt a. M.

Hartmann, H. (1939): Ich-Psychologie und Anpassungsproblem. In: Psyche – Z Psychoanal, XIV, 1960, S. 81–164.

Heberle, B. (2010): Eine »... Psychotherapie fürs Volk...«? Zur Praxis einer psychoanalytischen Ambulanz. In: texte. psychoanalyse. ästhetik. kulturkritik. H. 4.

Heimann, P. (1950): On counter-transference. In: Int. J. Psycho-Anal, 31, S. 81–84.

Henningsen, F. (1994): Aller Anfang ist schwer. Stundenfrequenz und initiales Übertragungsangebot. In: Z Psychoanal Theorie u. Praxis, IX, S. 204–218.

Henseler, H. & Wegner, P. (Hrsg.) (1993): Psychoanalysen die ihre Zeit brauchen. Zwölf klinische Darstellungen. Westdeutscher Verlag: Opladen.

Hoffmann, S. O. (1979): Charakter und Neurose. Suhrkamp: Frankfurt a. M., 1984.

Hohage, R. (2008): Niederfrequenz und Psychotherapeutische Versorgung in Deutschland. In: Dreyer, K.-A. & Schmidt, M. G. (Hrsg.): Niederfrequente psychoanalytische Psychotherapie. Klett-Cotta: Stuttgart, S. 85–104.

Horn, K. (1970): Aspekte der Ich-Psychologie Heinz Hartmanns. In: Psyche – Z Psychoanal, 24, S. 166–172.

Kernberg, O. F. (1984): Schwere Persönlichkeitsstörungen. Klett-Cotta: Stuttgart, 1985.

Kernberg, O. F. (1993): Convergences and Divergences in Contemporary Psychoanalytic Technique. In: Int. J. Psycho-Anal. 74, S. 659–673.

Keuerleber, B. (2010): Supervisionskonzepte in der Ambulanz. In: texte. psychoanalyse. ästhetik. kulturkritik. H. 4.

Klüwer, R. (1983): Agieren und Mitagieren. In: Psyche – Z Psychoanal, 37, S. 828–840.

Klüwer, R. (1995): Agieren und Mitagieren – zehn Jahre später. In: Z Psychoanal Theorie u. Praxis, X, S. 45–71.

Kohut, H. (1971): Narzissmus. Suhrkamp: Frankfurt a. M., 1976.

Künzler, E. & Zimmermann, J. (1965): Zur Eröffnung des Erstinterviews. In: Psyche – Z Psychoanal, 19, S. 68–79.

Kutter, P. (1988): Grundlage, professionelle Einstellung und psychoanalytische Methode. In: Kutter, P., Páramo-Ortega, R. & Zagermann, P.: Die psychoanalytische Haltung. Auf der Suche nach dem Selbstbild der Psychoanalyse. Verlag Int. Psa.: Stuttgart 1993, S. 17–23.

Kutter, P. (1989): Moderne Psychoanalyse. Verlag Internationale Psychoanalyse: München, Wien.

Laimböck, A. (1994): Wie denkt der/die PsychoanalytikerIn? Eine Einführung in H. Argelanders Untersuchung der psychoanalytischen Methode. In: Z Psychoanal Theorie u. Praxis, IX, S. 176–191.

Laimböck, A. (1995): Situationsbezogene psychoanalytische Kurztherapie mit einem Paar. In: Z Psychoanal Theorie und Praxis, X, S. 82–118.

Laimböck, A. (2007): Schwierige Passagen. Herausforderungen an die psychoanalytische Methode. Brandes & Apsel: Frankfurt a. M.

Laimböck, A. (2010): Das Erstgespräch, eine »kleine Psychoanalyse«. In: texte. psychoanalyse. ästhetik. kulturkritik. H. 4.

Laimböck, A. (2013a): Nachdenken über »Szenisches Verstehen« – heute. In: Jahrb. Psychoanal. 66, S. 49–80.

Laimböck, A. (2013b): Szenisches Verstehen, Unbewusstes und Frühe Störungen. In: Psyche – Z Psychoanal 67, S. 881–902.

Laimböck, A. (2015a): Die Szene verstehen. Die psychoanalytische Methode in verschiedenen Settings. Brandes & Apsel: Frankfurt.

Laimböck, A. (2015b): Psychoanalysieren in verschiedenen Settings. In: texte psychoanalyse. ästhetik. kulturkritik, S. 11–23.

Lanz, P. (1993): Alltagspsychologie und Psychoanalyse. In: Tress, W. & Nagel, S. (Hrsg.): Psychoanalyse und Philosophie: eine Begegnung. Asanger: Heidelberg.

Lorenzer, A. (1970): Sprachzerstörung und Rekonstruktion. Suhrkamp: Frankfurt a. M.

Lorenzer, A. (1974): Die Wahrheit der psychoanalytischen Erkenntnis. Suhrkamp: Frankfurt a. M.

Mentzos, S. (1976): Interpersonale und institutionalisierte Abwehr. Suhrkamp: Frankfurt a. M., 1988.

Mertens, W. (Hrsg.) (1993): Schlüsselbegriffe der Psychoanalyse.

Mertens, W. (2009): Psychoanalytische Erkenntnishaltung und Interventionen. Schlüsselbegriffe für Studium, Weiterbildung und Praxis. Kohlhammer: Stuttgart.

Meyer, F. (2010): 10 Jahre Ambulanz des Innsbrucker Arbeitskreises für Psychoanalyse. Psychoanalytische Ambulanz heute. Einsichten und Aussichten. In: texte. psychoanalyse. ästhetik. kulturkritik. H. 4.

Meyers großes Taschenlexikon (1983): Bibliographisches Institut: Mannheim.

Nissen, B. (1996): Logik der Deutung. In: PsA-Info, Nr. 46, S. 3–37.

Ogden, T. H. (1989): Frühe Formen des Erlebens. Psychosozial: Gießen, 2006.

Pfeffer, R. (1980): Konzepte psychoanalytisch orientierter Beratung. In: Psyche – Z Psychoanal, 34, S. 1–23.

Piaget, J. (1959): Nachahmung, Spiel und Traum. GW 5, Studienausgabe. Klett-Cotta: Stuttgart, 1975.

Piaget, J. (1972): Theorien und Methoden der modernen Erziehung, S. Fischer: Frankfurt a. M., 1974.

Pirchner, E. (2010): Zwischen den Zeiten – Veränderungen zwischen Erst- und Zweitgespräch. In: texte. psychoanalyse. ästhetik. kulturkritik. H. 4.

Pirchner, E. (2015): Im Dornenhag. In: texte psychoanalyse. ästhetik. Kulturkritik, S. 57–72.

Pollak, T. (1999): Über die berufliche Identität des Psychoanalytikers. Versuch einer professionstheoretischen Perspektive. In: Psyche – Z Psychoanal, 53, S. 1266–1295.

Pollak, T. (2015): Das Fallseminar. Zum Verstehensprozess im Rahmen der psychoanalytischen Ausbildung. In: texte psychoanalyse. ästhetik. kulturkritik, S. 88–103.

Reith, B., Boots, J., Crick, P., Gibeault, A., Jaffé, R., Lagerlöf, S., Moeller, M., Skale, E., Vermote, R. & Wegner, P. (2010): Die spezifische Dynamik im Erstinterview: Wechsel der Ebenen oder Eröffnung eines Bedeutungsraumes? Bericht über Phase 1 der WPIP-Untersuchung von Erstinterviews. In: EPF-Bulletin, 64, S. 68–97.

Ricœur, P. (1965): Die Interpretation. Ein Versuch über Freud. Suhrkamp: Frankfurt a. M., 1974.

Rössler-Schülein, H., Dierks, C., Löffler-Staska, H., Schwinghammer, M. & Skale, E. (2009): Unvollständige Analysen. Klinische Ergebnisse einer Langzeitstudie am Wiener Psychoanalytischen Ambulatorium. In: Psyche – Z Psychoanal, 63, S. 48–71.

Ruhs, A. (1997): Psychoanalytischer Krankheitsbegriff und Beurteilungsmöglichkeit psychogener Störungen. In: Psychotherapie Forum, Vol. 5, Nr. 1, S. 21–27.

Sandler, J., Dare, C. & Holder, A. (1973): Die Grundbegriffe der psychoanalytischen Therapie. Klett: Stuttgart.

Schafer, R. (1976): Eine neue Sprache für die Psychoanalyse. Klett-Cotta: Stuttgart, 1982.

Schnegg, H. (2010): Psychoanalyse für alle. An den Grenzen des Containers. In: texte. psychoanalyse. ästhetik. kulturkritik. H. 4.

Schneider, G. (2006): Zur aporetischen Grundlegung der psychoanalytischen Behandlungstechnik. In: Psyche – Z Psychoanal, 60, 9/10, S. 900–931.

Schneider, G. (2007): Ein »›unmöglicher‹ Beruf« (Freud) – das aporetische Prinzip in der Reflexion der psychoanalytischen Behandlungstechnik. In: Psyche – Z Psychoanal, 61, S. 657–687.

Schneider, G. (2019): Die Veränderung der Ausbildungsrichtlinien der IPA: Sollte die DPV ein 3–5 statt 4–5 Stunden Eitingon-Modell einführen? Einige Argumente d agegen. In: DPV-Informationen Nr. 66, S. 20–25

Schöpf, W. (2010): Was sagen wir wie dem Patienten? In: texte. psychoanalyse. ästhetik. kulturkritik. H. 4.

Schrader, C. & Colditz, K. (2000): Beratung als Anwendung der psychoanalytischen Methode. Das Beratungsprojekt. In: Drews, S.: Zum »szenischen Verstehen« in der Psychoanalyse. Brandes & Apsel: Frankfurt a. M., S. 107–116.

Sparer, E. A. (2010): The French model at work: Indication and the Jean Favreau Centre for Consultation and Treatment. In: Int J Psychoanal, 91, S. 1179–1199.

Stern, D. (2005): Der Gegenwartsmoment. Veränderungsprozesse in Psychoanalyse, Psychotherapie und Alltag. Brandes & Apsel: Frankfurt a. M.

Strachey, J. (1934): The nature of the therapeutic action of psycho-analysis. In: Int J Psychoanal, 15, S. 127–159.

Strenger, C. (1991): Between Hermeneutics and Science: an essay on the epistemology of psychoanalysis. International University Press: New York.

texte psychoanalyse. ästhetik. kulturkritik (2015): Heft 4 mit Beiträgen von Ch. De Col, Y. Egger-Habib, A. Laimböck, E. Pirchner, Th. Pollak, H. Usak-Sahin & Walser-Luhan.

Thomä, H. & Kächele, H. (1985): Lehrbuch der psychoanalytischen Therapie, Band 1. Springer: Berlin, Heidelberg, New York, Tokyo.

Thomä, H. & Kächele, H. (1988): Lehrbuch der psychoanalytischen Therapie, Band 2: Praxis. Springer: Berlin, Heidelberg, NY, Paris, London, Tokyo.

Thomä, H. (1994): Zur Kontroverse um Frequenz und Dauer analytischer Psychotherapien. In: Psyche – Z Psychoanal, 48, S. 287–323.

Tyson, R. L. & Sandler, J. (1974): Wer eignet sich für Psychoanalyse? Probleme der Auswahl von Patienten für eine Psychoanalyse. In: Psyche – Z Psychoanal, 28, S. 530–559.

Usak-Sahin, H. (2015): »Kara Sveda« – »das schwarze Begehren«. Von der Selbstlosigkeit zur Objektklebrigkeit. In: texte psychoanalyse. ästhetik. kulturkritik, S. 104–114.

Wallerstein, Robert S. (1989): Psychoanalysis and Psychotherapy: An Historical Perspective. In: Int J Psychoanal, 70, S. 563–591.

Walser-Luhan, B. (2015): Das Warten auf die versprochene Stelle. Über das Verhältnis von Fokus und Behandlungsprozess. In: texte psychoanalyse. ästhetik. kulturkritik, S. 73–87.

Wegner, P. & Henseler, H. (1991): Die Anfangsszene des Erstinterviews im Prisma einer Analytikergruppe. In: Forum der Psychoanalyse, 7, S. 214–224.

Wegner, P. (1992): Zur Bedeutung der Gegenübertragung im psychoanalytischen Interview. In: Psyche – Z Psychoanal, 46, S. 286–307.

Weiß, H., Horn, E., Kidess, A., Roman, A. & Winkler, R. (2008): Das mobbende innere Objekt – der kleinianische Ansatz in einem teilstationären psychotherapeutischen Setting. In: Dreyer, K.-A. & Schmidt, M. G. (Hrsg.): Niederfrequente psychoanalytische Psychotherapie. Klett-Cotta: Stuttgart, S. 246–265.

Weltgesundheitsorganisation (1993): Internationale Klassifikation psychischer Störungen. Hans Huber: Bern, Göttingen, Toronto, Seattle.

Werthmann, H. V. (1993): Psychoanalytische Deutung. In: Mertens, W. (Hrsg.) (1993): Schlüsselbegriffe der Psychoanalyse. Internationale Psychoanalyse: Stuttgart, S. 315–321.

Wrobel, A. (1985): Kommunikation im psychoanalytischen Interview. Centaurus: Pfaffenweiler.